La Technologie du Bitcoin Et des Crypto-monnaies

Maîtriser le bitcoin - Exploiter, investir et négocier

Auteur

Larry Lynch

© Copyright 2018 - Tous droits réservés.

Si vous souhaitez partager ce livre avec une autre personne, veuillez en acheter une copie supplémentaire pour chaque destinataire. Merci de respecter le travail exceptionnel fournis par cet auteur. Dans le cas contraire, la transmission, la duplication ou la reproduction de l'un des travaux suivants, y compris des informations spécifiques, sera considérée comme un acte illégal, que ce soit par voie électronique ou par écrit. Cela s'étend à la création d'une copie secondaire ou tertiaire de l'œuvre ou d'une copie enregistrée et n'est autorisée qu'avec un consentement écrit exprès de l'éditeur. Tous droits supplémentaires réservés.

TABLE DES MATIÈRES

INTRODUCTION 5

CHAPITRE 1 7
INTRODUCTION AU BTC ET AUTRES CRYPTO-MONNAIES 7

CHAPITRE 2 28
COMMENT DEBUTER AVEC LE BITCOIN ET AUTRES CRYPTO-MONNAIES 28

CHAPITRE 3 40
EXPLOITER LES BITCOINS ET AUTRES CRYPTO-MONNAIES 40

CHAPITRE 4 53
COMMENT INVESTIR DANS LE BITCOIN ET AUTRES CRYPTO-MONNAIES 53

CHAPITRE 5 66
LES STRATÉGIES DE NÉGOCIATION DES CRYPTO-MONNAIES (RENTABILISER LORSQUE LES PRIX MONTENT OU DESCENDENT) 66

CHAPITRE 6 82
ACCEPTER ET UTILISER BITCOIN DANS VOTRE ENTREPRISE 82

INTRODUCTION

Dans ce guide, vous apprendrez tout sur le Bitcoin (BTC) et la crypto-monnaie, comment ils fonctionnent, pourquoi ils existent et le type de technologie derrière le Bitcoin. Il n'y a pas si longtemps, les gens commençaient à entendre parler des mots « Bitcoin » et « crypto-monnaies ».

Peu de gens en dehors des crypto-communautés savaient ce que c'étaient et beaucoup pensaient que c'était juste une nouvelle tendance qui allait s'amenuiser au bout de quelques années. La valeur d'un bitcoin n'était que de quelques centimes alors évidemment, cela ne valait pas beaucoup. Pour cette raison, il a été ignoré par la plupart des gens. Il y avait des investissements beaucoup plus rentables que l'on pouvait se faire, après tout.

Ceux qui ont investi des sommes d'argent dans cette nouvelle monnaie numérique croyaient au système proposé par son fondateur, Satoshi Nakamoto, ou voulaient simplement voir comment cela fonctionnait.

Quoi qu'il en soit, ceux qui ont cru ont été récompensés grandement et continuent d'être récompensés, car un seul bitcoin coûte maintenant des milliers de dollars.

Il n'aura fallu que cinq ans au Bitcoin pour franchir la barre des 1 000 $ en fin 2013, et quelques années plus tard, les prix du Bitcoin sont à leur plus haut niveau, ils dépassent la barre des 10 000 $ pour un seul bitcoin !

Avec des prix qui montent en flèche et une croissance extrêmement rapide, de plus en plus de gens sont curieux d'en savoir plus sur les bitcoins et les crypto-monnaies dans son ensemble.

Chapitre 1

Introduction au BTC et autres crypto-monnaies

Les cryptomonnaies sont des monnaies numériques qui sont de nature électronique. Ils n'ont pas une forme physique comme l'argent en espèce ou les pièces de monnaie que vous avez probablement dans votre portefeuille en ce moment. Vous ne pouvez pas les détenir physiquement, mais vous pouvez acheter des choses avec.

Selon le marchand avec lequel vous souhaitez l'utiliser, vous pouvez utiliser plus d'une crypto-monnaie comme moyen de paiement.

Selon CoinMarketCap (https://coinmarketcap.com), il y a actuellement plus de 1000 crypto-monnaies actives. Si vous cherchez à investir votre argent durement gagné, mais que vous n'avez pas les moyens de payer des Bitcoins pour l'instant, vous avez le choix entre de nombreuses crypto-monnaies comme Ethereum, Litecoin, Ripple, Dash, Monero, Zcash, etc.

Nous vous conseillons, bien sûr, de faire des recherches approfondies sur la crypto-monnaie dans laquelle vous souhaitez investir car toutes les crypto-monnaies ne sont pas égales. Certaines sont plus stables que d'autres et permettraient donc de meilleurs investissements.

Le Bitcoin n'est pas la première crypto-monnaie au monde, mais il est le plus complet et populaire. Le Bitcoin a eu beaucoup de prédécesseurs, mais qui ont tous échoué. Et la raison de cet échec ? La monnaie virtuelle avait un problème inhérent - il était facile de le dépensé doublement.

Vous pouviez payer 100 $ à un commerçant et réutiliser le même montant d'argent pour payer un deuxième commerçant ! Les escrocs et les fraudeurs ont simplement aimé cette faille.

Heureusement, en 2007, Satoshi Nakamoto a commencé à travailler sur le concept du Bitcoin. Le 31 octobre de l'année suivante, il a publié son livre blanc intitulé « Bitcoin : un système de paiement électronique de pair à pair » qui décrit un système de paiement qui aborde le problème du double paiement des monnaies numériques.

C'était un concept brillant qui a attiré l'attention de la communauté cryptographique. Le logiciel Bitcoin Project a été enregistré dans SourceForge juste un peu plus d'une semaine après la publication du livre blanc.

En janvier 2009, le premier bloc Bitcoin appelé « bloc Genesis » a été échafaudé et exploité. Quelques jours plus tard, le bloc 170 enregistre la toute première transaction bitcoin entre Hal Finney et Satoshi Nakamoto.

L'année suivante, en novembre 2010, la capitalisation boursière de Bitcoin dépassait 1 000 000 $! Ce fut un moment crucial dans le développement du Bitcoin, car cela a incité davantage de personnes à s'intéresser et à investir dans les bitcoins. Le prix à ce moment était de 0,50 $ / BTC.

Cependant, en Juin 2011, Bitcoin a connu la soi-disant "Grande Bulle de 2011" après avoir atteint un sommet historique de $31.91/BTC. Seulement 4 jours après avoir atteint son prix le plus élevé, le taux de change a chuté à seulement 10 $ / BTC.

Beaucoup d'investisseurs ont paniqué du fait de perdre autant d'argent et à vendre leurs bitcoins à perte. Il aura fallu près de deux ans pour que le taux de change se rétablisse et dépasse le précédent record historique. Ceux qui ont gardé leurs bitcoins ont pris la bonne décision car le prix n'a cessé de grimper et de dépasser toutes les attentes.

Ce qui est vraiment intéressant à propos de Bitcoin, c'est que toutes les transactions sont publiques et que rien n'est caché à personne, mais personne ne sait rien de Satoshi Nakamoto.

Beaucoup ont spéculé qu'il n'est pas seulement une personne mais plutôt un pseudonyme collectif pour un groupe de développeurs cryptographiques. Certains ont prétendu être Satoshi, mais à ce jour, sa véritable identité reste un secret.

Pourquoi les crypto-monnaies existent-elles ?

Beaucoup de gens ont commencé à penser que les crypto-monnaies, Bitcoin en particulier, sont sur le point de remplacer nos devises nationales telles que le dollar américain, la livre sterling, l'euro, le dollar canadien, et plus encore. C'est parce que les crypto-monnaies ont commencé à devenir des alternatives très viables aux devises traditionnelles dont nous disposons.

Les cryptomonnaies existent pour remédier aux faiblesses des devises traditionnelles, qui sont, bien entendu, soutenues par les banques centrales et les gouvernements. Cela rend les devises traditionnelles sujettes à la corruption et aux manipulations, parmi une foule d'autres problèmes.

Contrairement aux monnaies traditionnelles, il n'y a aucun organisme qui soutient le Bitcoin et d'autres crypto-monnaies, ce qui signifie qu'elles ne sont soumises aux caprices de personne.

Le Bitcoin est complètement décentralisé, open source et transparent. Cela signifie que vous pouvez voir toutes les transactions qui ont déjà été effectuées sur le réseau et que vous pouvez vérifier et examiner vous-même les données pour vérifier l'authenticité de chaque transaction.

Bitcoin utilise des algorithmes mathématiques très complexes pour réguler la création de nouveaux bitcoins et s'assurer qu'aucune double utilisation ne se produira dans le réseau (souvenez-vous, c'est le talon d'Achille des devises virtuelles qui ont échoué avant Bitcoin).

Le code Bitcoin est tellement sécurisé et avancé qu'il est virtuellement impossible d'hacker le système, donc si vous pensez que vous pouvez créer un nombre illimité de bitcoins, vous vous trompez largement.

L'un des principaux problèmes des devises traditionnelles est le fait que ceux-ci ne sont pas limités en nombre. Cela signifie que les gouvernements et les banques centrales peuvent imprimer plus d'argent quand ils le souhaitent.

Lorsque plus d'argent est imprimé et entre dans une économie, cela réduit le pouvoir d'achat de notre argent en espèce, ce qui signifie que nous devons dépenser plus pour un article pour lequel nous dépensions quelques dollars auparavant ; C'est ce qu'on appelle l'inflation.

Bitcoin, d'un autre côté, est une histoire différente. Le protocole Bitcoin stipule que seulement 21 000 000 bitcoins peuvent être extraits et créés, ce qui signifie que le bitcoin est, en fait, une ressource rare.

En outre, comme les monnaies nationales, les bitcoins sont divisibles, tout comme les dollars en plusieurs centimes. La plus petite unité de bitcoin s'appelle un Satoshi, et c'est 1 / 100,000,000 d'un bitcoin. Cela signifie que vous pouvez investir quelques milliers de Satoshis à la fois jusqu'à ce que vous obteniez finalement un bitcoin entier.

Bien sûr, si vous suivez cette route, il vous faudra certainement un bon bout de temps pour atteindre 1 BTC mais si le prix continue de grimper en flèche, alors acheter quelques Satoshis régulièrement peut payer à long terme.

Une autre raison pour laquelle les crypto-monnaies gagnent en popularité est le fait qu'elles soient facilement transportables, ce qui signifie que vous pouvez l'apporter avec vous partout où vous allez. Vous pouvez faire de même avec de l'argent physique et de l'or. Cependant, une grande quantité entraînera une lourde charge sur votre portefeuille ou votre sac.

Essayez de mettre un million de dollars dans une mallette ou un sac d'or ! Ce n'est certainement pas aussi léger que ça en a l'air dans les films.

Avec la crypto-monnaie, vous avez différents choix de portefeuilles, qui sont tous très facilement transportables, de sorte que vous pouvez facilement effectuer des paiements à tout moment.

Les bitcoins ne sont pas soumis aux réglementations bancaires et gouvernementales. Cela signifie que vous n'avez pas besoin de payer les frais bancaires élevés que vous engagez chaque fois que vous envoyez des paiements à d'autres personnes.

Vous n'avez pas non plus besoin d'attendre plusieurs heures, voire quelques jours, pour que vos paiements soient débités ou envoyés, car les paiements Bitcoin sont effectués presque instantanément (habituellement de 10 à 45 minutes).

Comment fonctionne le Bitcoin

Dans cette section, nous ferons de notre mieux pour expliquer le processus Bitcoin le plus simplement possible sans trop entrer dans le jargon technique.

La première chose à faire est de vous procurer des bitcoins. Vous pouvez soit l'extraire vous-même, en recevoir en guise de paiement pour des biens ou des services, soit l'acheter sur une plateforme d'échange Bitcoin comme Coinbase ou Kraken. Il existe différents portefeuilles pour stocker vos nouveaux bitcoins.

Vous pouvez utiliser un portefeuille de bureau, un portefeuille d'applications mobiles, un portefeuille papier, un portefeuille matériel ou un portefeuille en ligne. Il y a des avantages et des inconvénients liés à chaque type de portefeuille.

Cependant, la plupart des experts s'accordent à dire que les portefeuilles en ligne, en particulier ceux sur les sites d'échange, ne sont pas aussi sécurisés car vos données essentielles privées et publiques sont enregistrées en ligne. Cela rend votre portefeuille très vulnérable aux hackers.

Lorsque vous avez sélectionné le portefeuille le mieux adapté à vos besoins, vous pouvez enfin commencer à effectuer des transactions bitcoin. Pour envoyer un bitcoin à un autre utilisateur, il suffit d'obtenir son adresse e-mail ou son adresse bitcoin, d'entrer le montant que vous souhaitez envoyer, d'écrire une note rapide pour lui dire à quoi sert le paiement (facultatif), et de cliquer sur Bouton d'envoi !

Alternativement, si vous avez le code QR d'un portefeuille bitcoin, vous pouvez simplement le scanner et appuyer sur Envoyer. La transaction apparaîtra dans le compte de l'autre personne dans un court laps de temps, généralement entre 10-45 minutes. La raison de cette attente est expliquée plus en détail dans la section suivante.

Et c'est tout ! Les transactions Bitcoin sont rapides, sûres, bon marché et représentent l'alternative parfaite au paiement par carte de crédit et de débit, et même au paiement en espèces.

La technologie derrière Bitcoin

Au premier regard, les transactions de Bitcoins semblent être rapides et faciles et ils le sont vraiment. Cependant, dans les coulisses, la technologie qui fait fonctionner le réseau Bitcoin de façon transparente est un registre massif connu sous le nom de chaîne de blocs.

Il est énorme car il contient les traces de toutes les transactions de Bitcoins qui ont eu lieu depuis la sortie du Bitcoin en 2009.

Plus le temps passe, plus de transactions se produisent, la taille de la chaîne de blocs continuera donc à croître.

Lorsque vous effectuez un paiement, votre portefeuille ou votre application envoie une demande à l'ensemble du réseau Bitcoin constitué d'ordinateurs ou de nœuds. Ces nœuds valident ensuite votre transaction à l'aide d'algorithmes connus.

Une fois votre transaction vérifiée et confirmée, elle est ensuite combinée avec d'autres transactions pour créer un nouveau bloc de données pour la chaîne de blocs.

Ce nouveau bloc est ensuite ajouté à la fin de la chaîne de blocs. Lorsque cela se produit, la transaction devient complète et est maintenant permanente.

Tout ce processus prend environ 10 à 45 minutes mises bout-à-bout (c'est pourquoi les transactions Bitcoin ne se produisent pas instantanément). Une fois la transaction finalisée, personne ne peut l'annuler ou la supprimer. La personne à qui vous avez envoyé le paiement Bitcoin (le destinataire) verra maintenant votre paiement dans son portefeuille.

Alors, qui vérifie et confirme les transactions s'il n'y a pas d'organisme central régissant le réseau ?

La réponse est les mineurs. Les mineurs sont littéralement le moteur de l'ensemble du réseau bitcoin. Certains ont même comparé les mineurs aux hamsters qui font bouger leurs roues. Tout comme avec Bitcoin ils gardent tout le réseau en marche ! Et c'est vrai.

Les mineurs jouent un rôle si important dans le succès du Bitcoin qu'ils méritent vraiment d'être récompensés en précieux bitcoins. Sans eux, aucun nouveau bloc ne serait créé et ajouté à la chaîne de blocs.

Si rien n'est ajouté à la chaîne de blocs, aucune transaction n'est finalisée. Cela signifie qu'aucun paiement de bitcoins ne pourra être émis et reçu par quiconque sur le réseau. Aucun nouveau bitcoin ne sera créé.

Parce que les mineurs sont indispensables au réseau Bitcoin, ils sont récompensés pour leur travail acharné en Bitcoins (cela n'aurait aucun sens de les récompenser en monnaie traditionnelle). Ils sont presque comme des employés du réseau.

Comme il n'y a qu'un nombre limité de bitcoins (21 millions), le nombre de bitcoins payés aux mineurs continuera de diminuer jusqu'à ce que tous les bitcoins soient épuisés vers 2140.

Comment est déterminée la valeur du Bitcoin ?

Bitcoin a reçu énormément de publicité récemment. C'est l'une des nombreuses devises numériques qui existent aujourd'hui et qui fonctionnent comme de l'argent ordinaire mais existent entièrement sous forme électronique, comme les données à l'intérieur des ordinateurs.

Et cela peut être un peu confus, car s'il n'y a pas de bitcoin physique réel :

- Comment peut-il avoir de la valeur ?

- Comment pouvez-vous utiliser une monnaie numérique dans le monde réel ? En fait, la question de savoir comment le Bitcoin a une quelconque valeur n'est pas si éloignée de la question de savoir comment la plupart des devises réelles ont de la valeur. Tout d'abord, le Bitcoin n'a pas de valeur intrinsèque réelle, ce qui signifie qu'il a peu ou pas d'utilité en dehors de son contexte économique. Mais la même chose peut être dite pour la plupart des devises réelles : l'argent n'a de valeur que parce que le gouvernement qui l'émet dit qu'il en a. *C'est ce qu'on appelle la « monnaie fiduciaire », parce que sa valeur n'est liée à aucun produit physique et ne repose que sur le soutien d'un gouvernement.* Mais contrairement à la monnaie fiduciaire, le Bitcoin n'a pas d'autorité émettrice qui lui donne de la valeur. Le Bitcoin est une monnaie décentralisée, ce qui signifie qu'il n'y a pas d'organisme dirigeant qui régule sa production et ses transactions.

Il n'est en aucun cas influencé par un gouvernement ou une organisation, donc il n'y a pas vraiment de raison pour laquelle il devrait avoir de la valeur, cependant, il en dispose - et tout cela peut se résumer à l'utilité, la rareté, l'offre et la demande.

La valeur de Bitcoin réside dans son utilité

Avant de discuter de l'utilité du Bitcoin, vous devez d'abord comprendre les bases de son fonctionnement. Vous êtes connecté à la communauté des utilisateurs de Bitcoin via un réseau informatique, et les registres que Bitcoin utilise s'appellent les chaînes de blocs : les transactions sont compilées en blocs, qui sont à leur tour connectés en chaîne, d'où le nom.

Les tenants des registres sont appelés des mineurs, parce que ce qu'ils font, essentiellement, ressemble beaucoup aux mineurs d'or qui travaillent dur pour trouver de l'or : ils travaillent pour des récompenses sous forme de bitcoins, qui, comme l'or, sont limités.

Alors maintenant, vous savez comment fonctionne le Bitcoin. Qu'est-ce que cela a à voir avec sa valeur ? Tout, en fait. La valeur du Bitcoin réside dans son utilité : sa décentralisation, sa sécurité et sa facilité de transaction.

Tout d'abord, regardons le système décentralisé du Bitcoin. Le Bitcoin est conçu de manière qu'aucune autorité gouvernementale ne soit nécessaire pour le contrôler. Il fonctionne à travers un réseau de pair à pair où toutes les transactions sont enregistrées dans la chaîne de blocs.

Au niveau le plus élémentaire, cela signifierait qu'il n'est lié à aucun état et est donc la seule monnaie véritablement universelle. Cela signifie alors que vous pouvez facilement effectuer des transactions avec des personnes de différents pays parce que vous utilisez la même devise.

À un niveau plus approfondi, la décentralisation du système Bitcoin crée la possibilité de transformer l'industrie de la finance.

L'industrie de la finance offre plusieurs façons de simplifier les transactions pour plus de commodité. Il existe des cartes de crédit et de débit, des systèmes de transfert d'argent, des virements bancaires électroniques, etc. Mais tous ces systèmes doivent avoir un intermédiaire pour fonctionner - ils ont besoin d'une société ou d'une autorité pour faciliter l'échange.

Et ce que vous faites chaque fois que vous effectuez une transaction, c'est que vous accordez votre confiance à ces intermédiaires, c'est-à-dire qu'ils exécuteront à temps la transaction ou que votre argent sera en sécurité, parmi d'autres. Il y a aussi la question des frais de transaction qui, considérés par transaction, ne sont pas énorme, mais peuvent facilement s'accumuler avec le temps. L'objectif du Bitcoin est l'élimination de ces intermédiaires.

Comme mentionné ci-dessus, toutes les transactions dans le réseau Bitcoin sont enregistrées dans la chaîne de blocs par des mineurs. Alors que la chaîne de blocs et le réseau de mineurs ont l'apparence d'un organe régulateur dans le sens où ils gardent la trace de tous les bitcoins existants, ils les retiennent toujours dans le domaine public et ne peuvent donc pas être monopolisés.

Cela signifie qu'aucune personne ou aucun groupe de personnes ne détient un droit sur le réseau, ce qui, à son tour, signifie que les bitcoins peuvent rester totalement transparents et neutres dans ses transactions.

Mais s'il n'y a pas d'organisme officiel agissant en tant qu'organisme de réglementation, à qui pouvez-vous faire confiance pour vous assurer que les transactions se déroulent bien ? La réponse : personne et ça sonne mal, mais si en fait cela est une bonne chose.

Le système Bitcoin est conçu pour fonctionner sans confiance. Voyez-vous ? ce n'est pas simplement une monnaie numérique, c'est une cryptomonnaie, ce qui signifie qu'il est fortement basé sur techniques de cryptage pour le garder en sécurité.

Au lieu d'être basé sur la confiance du client, le Bitcoin utilise des mathématiques très établis (plus de détails plus loin). Hacker le réseau est impossible en raison de son environnement public.

Non seulement cela, mais le système est crypté de sorte que tenter de commettre une fraude nécessiterait une très grande quantité de puissance de calcul, ce qui aurait été plus utile pour extraire plus de bitcoins.

Le système de sécurité, en plus d'assurer la fiabilité des transactions Bitcoin, garantit également la protection de l'anonymat des utilisateurs. Contrairement aux cartes de crédit, votre numéro de compte n'a aucune importance lors de vos transactions car ce système est reconnu pour son utilisation de vos données clés qu'elles soient privées ou publiques.

Cela fonctionne de la façon suivante : vous émettez une signature numérique à vos transactions en utilisant votre clé privée qui peut être vérifiée par les utilisateurs du réseau qui utilisent votre clé publique. Les clés sont cryptées de sorte que la clé publique ne pourra fonctionner que si vous avez utilisé la bonne clé privée en premier lieu.

Cela signifie que :

1. Votre identité ne peut pas être volée par des criminels pour effectuer des transactions frauduleuses à votre nom.

2. Vous pouvez choisir de rester complètement anonyme dans le réseau Bitcoin, ce qui peut s'avérer utile pour certains.

Enfin, les bitcoins ont la possibilité de fournir une facilité d'utilisation qui surpasse les méthodes traditionnelles de paiement que nous disposons maintenant. Selon le site de Bitcoin, l'utilisation de bitcoins vous permet "d'envoyer et de recevoir des bitcoins partout dans le monde à tout moment.

Pas de jours fériés Pas de frontières. Pas de bureaucratie. Bitcoin permet à ses utilisateurs d'avoir le contrôle total de leur argent. "

Les bitcoins sont incroyablement rares

La monnaie fiduciaire est techniquement illimitée dans le sens où les gouvernements peuvent produire de l'argent quand ils le décident. De toute évidence, ils ne le font pas parce que cela entraînera une inflation, alors la production et la circulation de l'argent sont contrôlées par le gouvernement sur la base d'une recherche pointilleuse sur les tendances et les besoins du marché. Le Bitcoin, comme vous l'avez peut-être deviné, ne fonctionne pas de la même manière.

Du fait que le Bitcoin est décentralisé, il n'y a pas d'autorité qui décide quand en faire de nouveaux. Le système est conçu de sorte que les nouveaux bitcoins ne peuvent être créés que dans le cadre d'un système de récompense pour les mineurs.

Et la récompense est bien méritée : le nerf du système Bitcoin est la cryptographie, ou l'art de l'écriture et de la résolution de codes qui demande une quantité de travail considérable.

Pour mettre à jour la chaîne de blocs, les mineurs du monde entier doivent se battre pour résoudre un problème mathématique spécifique appelé SHA-256, qui signifie Secure Hash Algorithm 256 bit.

C'est fondamentalement un problème mathématique dans lequel on vous donne un résultat et vous êtes censé trouver l'inconnu, comme résoudre pour x et y étant donné que x + y = 2.

La seule façon de résoudre ce genre de problème est de tâtonner, et pour résoudre le SHA-256, vous devriez passer par un nombre fou de solutions possibles avant de trouver la réponse - pour laquelle vous auriez besoin d'un ordinateur extrêmement puissant (qui risque d'être très coûteux).

Les mineurs investissent beaucoup d'argent sur ces superordinateurs (ainsi que la quantité d'électricité énorme dont ils ont besoin pour qu'ils fonctionnent) pour extraire de nouveaux bitcoins.

Jason Bloomberg, dans un article pour Forbes, écrit que la valeur du Bitcoin est représentative de l'effort fourni : parce que l'extraction des bitcoins requiert énormément de travail, ce qui le (Bitcoin) rend plus précieux. Alors, sa rareté est due au fait que les bitcoins sont difficiles à trouver. Vous auriez besoin d'un investissement important juste pour pouvoir créer de nouveaux bitcoins.

Mais ils sont même devenus plus rares du fait qu'il ne peut y avoir qu'un certain nombre de bitcoins, soit 21 millions. (Si vous vous demandez pourquoi 21 millions, c'est essentiellement parce que c'est ce qui est écrit dans le code source.)

Le plafond de la production de Bitcoins est là pour s'assurer que le Bitcoin ne sera pas victime d'hyperinflation.

Il est même conçu pour être produit de façon régulière : le système de récompense va de moitié tous les 210 000 blocs ajoutés à la chaîne (c.-à-d. Tous les quatre ans), les problèmes de SHA-256 varient en difficulté en fonction du nombre de mineurs. Pour s'assurer que pas trop de bitcoins soient produits à la fois.

En partant de cette tendance, on estime que le dernier bitcoin extrait sera vers 2140. Pour mettre les choses en perspective, il y a environ 16,74 millions de bitcoins existant au moment de la rédaction du livre.

Le fait que de moins en moins de bitcoins puissent être exploités au fil du temps augmente l'intérêt des gens vis-à-vis de cette monnaie, parce que la rareté est très désirable et rentable.

Cela augmente la valeur du Bitcoin, car il fonctionne à l'aide d'un réseau : plus le réseau est grand, plus l'utilisation de Bitcoin est importante.

L'offre et la demande affectent la valeur Bitcoin directement

La valeur marchande du Bitcoin c'est-à-dire l'argent que les gens sont prêts à payer suit la même vieille règle de base de l'offre et de la demande : une forte demande augmente son prix et une faible demande la diminue.

Avant d'aller plus loin, souvenez-vous simplement que la valeur de quelque chose n'est pas la même chose que son prix ; la valeur est le prix que les gens perçoivent à travers un objet, tandis que le prix est ce qu'ils paient pour l'objet en question. Malgré cela, la valeur et le prix vont de pair : le prix de quelque chose est directement lié à sa valeur et vice-versa.

Selon un article paru dans The Economist, la tendance à la hausse du prix du bitcoin incite les gens à y investir.

Les gens investissent parce qu'ils croient que, suivant la tendance actuelle, ils seraient en mesure de vendre leurs Bitcoins à un prix beaucoup plus élevé à l'avenir - ce qui, selon l'article, est un parfait exemple de la théorie du greater-fool.

Fondamentalement, la théorie du greater-fool affirme que le prix d'un produit est déterminé non pas par sa valeur intrinsèque, mais par les croyances et les attentes que les consommateurs attendent du produit.

De ce point de vue, la flambée des prix du Bitcoin ne sert pas à augmenter sa valeur réelle, mais juste à le rendre moins pertinent.

Le marché fait grimper le prix de Bitcoin en raison de la croyance croissante qu'il vaudra plus dans le futur, et non parce que l'on pense que sa valeur augmente avec le temps. Cependant, certaines personnes soutiennent que la flambée des prix du Bitcoin durant l'année dernière n'est pas indicative d'une bulle.

Sur le site du Bitcoin lui-même, il est mentionné que le bitcoin n'est pas une bulle, citant que les bulles sont des surévaluations artificielles d'un produit qui tend à se corriger finalement.

On cite aussi le fait que le marché soit relativement récent, ce qui explique la raison de la volatilité des prix du Bitcoin - « les choix basés sur chaque action individuelle humaine par des centaines de milliers de participants à ce marché sont la cause de la fluctuation des prix du Bitcoin.

Ce site fait valoir que la volatilité des prix du Bitcoin est due à de nombreuses forces telles que :

- les pertes de confiance envers le Bitcoin

- Une grande différence entre la valeur et le prix ne repose pas sur les bases de l'économie du Bitcoin

- la Couverture médiatique accrue stimulent la demande spéculative

- La peur de l'inconnu

- Et la bonne vieille exubérance irrationnelle et la cupidité

En tant que tel, Bitcoin soutient que ses prix croissants peuvent être attribués à davantage de personnes qui trouvent que le jeu en vaut la chandelle à cause de son utilité. Ceux-ci approuvent ainsi sa valeur.

Donc, en résumé : l'utilité et la rareté du Bitcoin lui donnent de la valeur, mais ses prix semblent envoyer des signaux opposés quant à savoir si c'est vraiment précieux ou non.

Avec de plus en plus de gens qui commencent à s'intéresser au Bitcoin, peut-être que nous sommes à peine en train d'efflorer sa vraie valeur.

Chapitre 2

COMMENT DEBUTER AVEC LE BITCOIN ET AUTRES CRYPTO-MONNAIES

Garder vos bitcoins à l'abri des regards indiscrets, des robots malveillants, des hackers et de quelconques voleurs, n'est pas facile. Tout le monde veut un morceau de bitcoin de nos jours.

Si les gens savent que vous aviez investi dans des Bitcoins depuis ses débuts, et que vous avez toujours votre investissement avec vous, alors ils savent que vous êtes littéralement assis sur une fortune. Nous ne voulons pas paraître sinistres, mais il est triste de voir que certaines personnes sont prêtes à faire n'importe quoi pour de l'argent ou dans ce cas, des bitcoins.

Il y a plusieurs façons de protéger votre précieuse fortune numérique. Tout comme votre argent en espèce, vous pouvez stocker différentes quantités de bitcoins dans différents types de portefeuilles. Certains sont des portefeuilles « chauds » tandis que d'autres sont considérés comme « froids ». Vous en apprendrez plus sur ces types de portefeuilles au fur et à mesure que nous les feuillèterons dans ce guide.

Il est important de mentionner ici que lorsque nous disons « garder vos bitcoins en sécurité », nous parlons en fait de garder la « clé privée » en sécurité. Au sein de votre porte-monnaie, vos bitcoins ont une adresse associée, et chaque adresse bitcoin est composée d'une « clé publique » et d'une « clé privée ».

La clé publique est l'adresse du bitcoin elle-même, et elle peut être partagée avec n'importe qui. La clé publique peut être comparée à une adresse e-mail. Tous les gens qui connaissent votre e-mail peuvent vous envoyer un mail.

La clé privée est semblable à votre mot de passe d'e-mail. Sans le mot de passe, personne ne peut lire vos e-mails. De la même manière, sans la clé privée, vous ne pouvez pas effectuer une transaction ou envoyer des bitcoins à un autre utilisateur. C'est pourquoi garder la clé privée en toute sécurité est de la plus haute importance.

Si les hackers s'emparent de votre clé privée, ils peuvent envoyer tous vos bitcoins vers leurs propres comptes.

En raison de la façon dont Bitcoin est conçu, vous n'avez aucun moyen de savoir où vos bitcoins seront envoyés et il n'y a absolument aucune chance de récupérer des bitcoins. Les fonctionnalités les plus attrayantes du Bitcoin, telles que les transferts quasi instantanés, les transactions anonymes et irréversibles, sont également vos principales préoccupations si vos clés privées arrivaient à être volées.

Une fois que vos bitcoins sont volés et transférés à un autre utilisateur, vous n'avez vraiment pas d'autre choix que de l'accepter et passer à autre chose. Il n'y a rien d'autre que vous puissiez faire.

Alors passons à la façon dont vous pouvez garder vos clés privées, et vos bitcoins, à l'abri des pirates et des voleurs.

Portefeuilles en ligne

La façon la plus simple de débuter avec des bitcoins est d'obtenir un portefeuille en ligne. Vous n'avez même pas encore besoin de bitcoins pour obtenir votre propre portefeuille. Vous pouvez simplement aller sur des sites comme Blockchain.info, Coinbase.com, et d'autres plates-formes d'échange de bitcoins pour créer votre premier portefeuille.

Les portefeuilles en ligne sont parfaits pour ceux qui s'initient au bitcoin et ceux qui n'ont pas encore un stock important de bitcoins.

Ils sont faciles à installer, ils sont très pratiques et vous pouvez y accéder de n'importe où avec une connexion Internet. Les portefeuilles en ligne sont des « portefeuilles chauds » pour cette raison, tout le monde peut également y accéder !

En fait, ce qui est encore pire, c'est que la plupart des portefeuilles en ligne sauvegardent vos clés privées sur leurs serveurs, donc si la plate-forme est piratée, alors vos bitcoins le seront aussi.

De même, si un problème technique sérieux se produit sur le site, vos clés privées pourraient être compromises ou totalement perdues. Il y a aussi la menace réelle que votre compte soit limité ou suspendu par la plateforme. Vous pouvez sans le vouloir aller à l'encontre des conditions d'utilisation du site ou quelque chose de similaire, et ils peuvent fermer votre compte, et vos clés privées, pour toujours.

Si vous avez un stock important de bitcoins, il est préférable de le déplacer dans un portefeuille « plus sûr » qui n'est pas connecté à Internet. Ne pas avoir le contrôle sur vos bitcoins est effrayant et c'est une expérience que vous ne devriez pas tenter.

Bien qu'il existe des risques inhérents aux portefeuilles en ligne, tout n'est pas que mauvais, surtout si vous effectuez des transactions fréquemment. Vous pouvez simplement stocker quelques bitcoins dans votre portefeuille en ligne pour ces transactions régulières et garder le reste dans un portefeuille plus sécurisé.

De cette façon, vous aurez toujours la chance d'expérimenter un portefeuille en ligne tout en ayant la tranquillité d'esprit qu'un grand pourcentage de vos bitcoins sont hors de danger.

Les portefeuilles mobiles

Tout comme les portefeuilles en ligne, les portefeuilles d'applications mobiles sont également des portefeuilles « chauds », car vous pouvez facilement accéder à vos bitcoins partout où vous avez une connexion Internet. Parmi tous les portefeuilles de ce guide, les portefeuilles mobiles sont les plus pratiques. Ce n'est peut-être pas le plus sûr, mais personne ne peut nier sa commodité.

Vous pouvez envoyer des paiements Bitcoin à n'importe quel marchand en ligne ou hors ligne. Certains portefeuilles en ligne ont une contrepartie mobile. Par exemple, les portefeuilles mobiles Blockchain.info et Coinbase sont synchronisés avec vos portefeuilles en ligne, ce qui est vraiment très pratique puisque les deux portefeuilles se synchronisent automatiquement afin que vous puissiez voir votre solde lorsque vous vous connectez ou que vous accédez à l'un des portefeuilles.

Cette commodité est précisément pourquoi plus d'entreprises locales devraient accepter les paiements bitcoin. La communauté Bitcoin croît à un rythme exponentiel, et ces utilisateurs avisés installent de plus en plus des portefeuilles mobiles sur leurs iPhones et leurs smartphones Android.

Il n'y a probablement pas de moyen plus facile pour eux de payer que de simplement scanner le code QR de votre adresse bitcoin et de cliquer sur le bouton envoyer pour payer vos produits ou des services !

Cependant, tout n'est pas parfait avec les portefeuilles mobiles. Par exemple, les hackers peuvent toujours accéder à vos données privées, qu'elles soient enregistrées sur un quelconque serveur ou sur votre téléphone mobile.

Si vous perdez votre téléphone ou qu'il est endommagé, vous pourriez également perdre tous vos bitcoins et autres crypto-monnaies si vous n'avez pas fait une sauvegarde de vos clés privées et les avoir stockées dans un endroit sûr.

La meilleure façon de profiter d'un portefeuille mobile est de transférer uniquement ce dont vous avez besoin d'un portefeuille plus sécurisé (comme un portefeuille matériel) à votre portefeuille mobile. De cette façon, même si vous perdez votre téléphone, et vous ne pouvez pas récupérer vos clés privées là-bas, alors vous ne perdrez pas tous vos bitcoins.

Le portefeuille de bureau

Le troisième type de portefeuille que vous pouvez utiliser pour stocker vos bitcoins relativement sans risque est le portefeuille de bureau. Il s'agit essentiellement d'une application de bureau dans laquelle vous stockez vos clés privées. Le plus populaire, mais pas toujours le plus pratique, est Bitcoin Core.

Lorsque vous installez le logiciel, vous devez vous assurer que vous disposez de plus de 150 Go (ou plus) d'espace disque libre car il téléchargera automatiquement la chaîne de blocs entière qui remonte à 2009 !

Vous ne pouvez pas refuser de télécharger la chaîne de blocs car Bitcoin Core ne traitera aucune transaction à moins que ce registre ait été téléchargé sur votre machine. Une fois téléchargé, vous pouvez commencer à envoyer et à recevoir des bitcoins dans votre portefeuille.

Si vous n'avez pas beaucoup d'espace disque disponible, ni la bande passante pour télécharger un fichier aussi volumineux, alors voici quelques bonnes nouvelles pour vous - Bitcoin Core n'est pas le seul portefeuille de bureau disponible de nos jours.

Vous avez en fait beaucoup de choix parmi tant d'autres, tels que Electrum, Bither, Armory, et plus, qui ne vous obligent pas à télécharger la chaîne de blocs car elle utilise la technologie SPV (Simple Payment Verification).

Les portefeuilles de bureau sont relativement faciles à utiliser et plus sûrs que les portefeuilles en ligne ou mobiles car vous pouvez simplement déconnecter votre ordinateur d'internet pour éviter que les pirates ne pénètrent dans votre système et ne volent vos clés privées.

Bien sûr, ce n'est pas aussi pratique qu'un portefeuille en ligne ou mobile, mais au moins vous avez un contrôle total sur vos clés privées. Vous pouvez conserver une copie de sauvegarde de vos clés au cas où votre ordinateur serait volé, infecté par un virus ou définitivement endommagé.

Si vous ne sauvegardez pas vos clés privées, vous pourriez perdre tous vos bitcoins en un clin d'œil.

Le Portefeuille papier

Cela peut sembler bizarre au début de stocker votre crypto-monnaie numérique dans un portefeuille papier. Vous allez probablement vous demander pourquoi quelqu'un ferait cela quand Bitcoin n'existe pas physiquement.

Les portefeuilles en papier sont une forme de « stockage à froid » parce que les pirates informatiques n'auront jamais l'occasion de pirater votre petit bout de papier. Il y a beaucoup de hackers qualifiés qui peuvent trouver un moyen d'accéder à la plupart des ordinateurs et des serveurs, mais nous sommes presque sûrs que le papier n'en fait pas partie.

Vos bitcoins peuvent être à l'abri des hackers mais pas des voleurs autour de vous. Si vous ne prenez pas soin de votre portefeuille papier, si vous le laissez traîner dans endroits peu sûrs, alors vous donnez littéralement à quelqu'un les clés de votre fortune !

L'eau est également un problème que vous devriez considérer lors de l'utilisation de votre portefeuille en papier. Le stockage de vos portefeuilles dans des sacs et autres objets étanches devrait aider à surmonter ce problème.

Les portefeuilles papier ne sont pas aussi pratiques que les portefeuilles mobiles ou en ligne, mais ils sont définitivement plus sécurisés. Vous pouvez imprimer vos clés publiques et privées et les cacher quelque part comme un coffre-fort.

Les portefeuilles papier sont le meilleur type de portefeuille pour stocker vos clés privées pour de longues durées.

Si vous n'avez pas l'intention de toucher à vos bitcoins pendant des mois ou des années, vous pouvez alors vous procurez des portefeuilles papier. Bien sûr, tout comme nous l'avons recommandé dans les sections précédentes, il vaut mieux garder quelques bitcoins (seulement ce que vous pouvez vous permettre de perdre) dans des portefeuilles plus pratiques afin de continuer à envoyer et à recevoir des bitcoins. Le reste de vos clés privées peuvent aller dans le portefeuille papier.

Le portefeuille matériel

Il existe un consensus dans la communauté Bitcoin sur le fait que les portefeuilles matériels sont les portefeuilles Bitcoin les plus sûrs et quelque chose que tout investisseur Bitcoin sérieux et amateur devrait envisager d'acheter. Contrairement aux autres types de portefeuilles que nous avons couverts jusqu'à présent dans ce guide, les portefeuilles matériels sont relativement chers.

Bien sûr, si vous avez un nombre considérable de bitcoins à protéger, alors ce le procurer sera vraiment un petit investissement pour garder votre fortune en sécurité. La plupart des portefeuilles matériels prennent en charge une multitude de crypto-monnaies, donc si vous avez investi dans des monnaies différentes de bitcoin, vous trouverez aussi cet investissement rentable.

Les portefeuilles matériels sont des clés USB puissantes et durables que vous branchez à votre ordinateur lors d'une transaction Bitcoin ou autres crypto-monnaies. Lorsque vous avez terminé, retirez simplement le portefeuille et rangez-le dans un endroit sûr.

Les portefeuilles matériels bénéficient d'une fonctionnalité sécuritaire unique qui est la possibilité de générer des clés privées hors ligne, ce qui signifie qu'il est moins vulnérable aux attaques des hackers. Ces petits appareils robustes vous permettent d'emporter vos clés privées partout avec vous sans crainte de les exposer au monde extérieur.

La configuration est également rapide et facile avec les portefeuilles matériels. Selon le portefeuille, vous pouvez attribuer un code PIN, un mot de passe ou des mots clés de récupération que vous pouvez utiliser pour authentifier votre accès et récupérer vos bitcoins au cas où votre portefeuille serait perdu ou détruit.

Juste au cas où vous souffririez d'une forme d'amnésie et oubliez vos informations de récupération, vous devez écrire vos données secrètes et les cacher dans un lieu sûr dont vous serez le seul à savoir. Sinon, si quelqu'un le trouve, soit par accident, ou délibérément, alors vos bitcoins ou autres types de crypto-monnaies seront subtilisés.

Les portefeuilles matériels sont excellents pour stocker toutes vos crypto-monnaies en toute sécurité. Que vous ayez ou non une importante somme de monnaies numériques, vous n'aurez jamais à vous inquiéter du risque que votre porte-monnaie soit piraté et que votre argent soit volé.

Vos clés privées sont relativement sûres. Vous devez juste vous assurer que vous disposez d'une mémoire suffisante, et que vous vous souviendrez toujours du lieu où vous aviez caché les sauvegardes de votre portefeuille !

Pour résumer ce guide, le meilleur portefeuille pour vos bitcoins et autres crypto-monnaies serait en fait une combinaison de différents portefeuilles. Utilisez des portefeuilles matériels ou des portefeuilles en papier pour le stockage à long terme, des portefeuilles de bureau pour le stockage à moyen terme et des portefeuilles en ligne et mobiles pour le stockage à court terme et les transactions fréquentes.

Chapitre 3

EXPLOITER LES BITCOINS ET AUTRES CRYPTO-MONNAIES

Dans ce guide, nous couvrirons tout ce qu'il y a à savoir sur l'exploitation du Bitcoin afin que vous puissiez savoir si c'est quelque chose qui vous intéresse vraiment ainsi, que comment vous pourriez obtenir votre part de bitcoins.

Le Bitcoin est beaucoup médiatisé de nos jours, et son prix actuel suscite beaucoup d'intérêt parmi de nombreuses personnes dans le monde entier. Il y a quelques années, beaucoup de gens ont qualifié le Bitcoin de grande escroquerie, mais maintenant il est considéré, avec d'autres cryptomonnaies, comme l'avenir de l'argent.

Les cryptomonnaies, en tant que monnaies virtuelles ou numériques, n'ont pas de propriétés physiques et doivent être « extraites » électroniquement.

Avant d'entrer dans les détails, nous aimerions définir d'abord les termes les plus couramment utilisés dans l'exploitation du Bitcoin afin que vous puissiez facilement comprendre comment ce processus hautement technique fonctionne.

Conditions d'exploitation du Bitcoin que vous devriez connaître

Les blocs : Les données relatives aux transactions sont stockées sur une page connue sous le nom de bloc.

Bitcoins par bloc : C'est le nombre de bitcoins offerts en tant que récompenses aux mineurs pour chaque bloc extrait et ajouté à la chaîne de blocs. La récompense initiale par bloc était de 50 bitcoins mais tous les 210 000 blocs, la récompense est divisée par 2. Actuellement, la récompense se situe à 12,5 bitcoins par bloc.

La difficulté du Bitcoin : Avec un nombre croissant de mineurs, l'extraction du Bitcoin augmente également en difficulté. Le temps d'exploration moyen idéal défini par le réseau est de 10 minutes par bloc.

Le taux d'électricité : Pour calculer votre profit, vous devez vérifier votre facture d'électricité. Cela peut vous aider à déterminer la quantité d'électricité consommée

Vous devez vous poser la question de savoir si vous réaliser un profit ou perdez-vous de l'argent ? Ce sont des questions importantes que tous les mineurs doivent se poser.

Le hachage : Dans l'extraction du Bitcoin, un hachage peut être vu comme un problème lié aux mathématiques. Votre machine doit le résoudre pour gagner des récompenses.

Le taux de hachage : Le temps qu'il faut pour résoudre ces problèmes de hachage est appelé le taux de hachage. Le taux de hachage augmente avec le nombre de mineurs sur le réseau Bitcoin. MH / s (méga hachage par seconde), GH / s (Giga de hachage par seconde), TH / s (Terra de hachage par seconde) et PH / s (Peta de hachage par seconde) sont quelques-unes des unités qui sont utilisées dans la mesure du taux de hachage.

Frais de plateforme : Les mineurs rejoignent une plateforme d'extraction du bitcoin, plus connu sous le nom de « plateforme minière ». Comme dans une vraie exploitation minière, les mineurs extraient ensemble, car cela les aide à résoudre ces problèmes de hachage complexes plus rapidement. Vous devez payer des frais à la plateforme pour qu'elle puisse continuer ses activités. Lorsque les bitcoins sont finalement extraits, ils sont distribués aux mineurs en fonction de leurs taux de hachage.

La consommation d'énergie : Toutes les machines d'extractions ne consomment pas la même quantité d'électricité. Donc, avant d'acheter une machine coûteuse, vous devez d'abord vérifier la quantité d'énergie qu'elle consommera.

L'intervalle de temps : C'est une durée que vous devez vous définir pour voir combien de bitcoins vous extrayez. Par exemple, si vous définissez une période de 45 jours. Cela signifie qu'après 45 jours, vous calculerez le nombre de bitcoins que vous avez extraits pendant cette période. Définir une période peut vous aider à voir si vous produisez plus ou moins que vos collègues mineurs.

Le Matériel informatique couramment utilisé par les mineurs pour extraire les Bitcoins

CPU (Unité centrale de traitement) :

Au début, l'extraction du bitcoin était incroyablement simple et pouvait être facilement exploitée sur des processeurs ordinaires. Cependant, au fur à mesure que le nombre de mineurs augmentait, l'extraction des bitcoins devenait de plus en plus dure pour ce genre de processeur et cela provoquait des pannes de disques durs.

GPU (Unité de traitement graphique) :

Avec une augmentation du nombre de mineurs sur le réseau, l'utilisation des GPU a commencé à gagner en popularité lorsque les gens se sont rendu compte qu'ils étaient plus efficaces pour l'extraction de bitcoins.

Certains GPU plus avancés ont même permis aux mineurs d'augmenter leur productivité de 50 à 100 fois qu'en utilisant des CPU. Les gens ont également commencé à modifier leurs paramètres BIOS pour maximiser leurs récompenses. Les cartes Nvidia et ATI ceux sont ainsi banalisées.

FPGA (Circuit logique programmable) :

Le FPGA est un circuit intégré créé dans l'objectif d'effectuer l'extraction de bitcoins. L'exploitation du GPU ne s'est pas révélée aussi rentable pour tout le monde en raison de la hausse des coûts d'électricité. Le FPGA a été conçu pour consommer moins d'énergie, et les mineurs sont passés du GPU au FPGA

ASIC (circuit intégré spécifique à une application) :

Avec l'arrivée de la technologie du ASIC, le FPGA a été surpasser. L'ASIC est devenu l'outil principal utilisé dans l'exploitation du bitcoin. L'ASIC est une puce informatique utilisée uniquement pour l'extraction de crypto-monnaies telles que les bitcoins ou d'autres en utilisant l'algorithme SHA-256.

Contrairement aux autres outils d'exploitation, l'ASIC ne peut pas être utilisé pour effectuer des tâches autres que l'extraction. En ce moment, c'est la norme que les mineurs ne jurent que parce que ces puces puissantes résolvent plus de problèmes en moins de temps tout en consommant moins d'électricité.

Le rôle de l'exploitation dans la création de nouveaux bitcoins

Vous pouvez posséder des bitcoins en utilisant différentes méthodes. Le plus simple est d'acheter des bitcoins sur une plate-forme d'échange Bitcoin, bien sûr, les prix Bitcoin sont si élevés maintenant que vous aurez besoin de faire un investissement important.

L'autre méthode consiste à ne pas utiliser d'argent et à extraire simplement des bitcoins en utilisant du matériel informatique.

Il est important de noter ici que l'objectif principal et intégral de l'exploitation est la création ou la libération de nouveaux bitcoins qui peuvent être alors disponibles sur le réseau.

Actuellement, environ 16 millions de bitcoins ont déjà été extraits sur les 21 millions de bitcoins qui peuvent être créés.

Qu'est-ce que la chaîne de blocs ?

(Source de l'image : Biz2Credit)

Contrairement aux transactions en devises régulières qui sont confirmées et réglementées par les banques, les données transactionnelles des cryptomonnaies apparaissent comme un registre public connu sous le nom de « chaîne de blocs ».

Chaque bloc peut être considérer comme une page qui contient les données des transactions. C'est pourquoi ce registre s'appelle la chaîne de blocs. L'exploitation permet de confirmer ces transactions sur une chaîne de blocs.

Les mineurs utilisent également du hachage cryptographique sur des blocs. Un hachage nécessite des calculs complexes

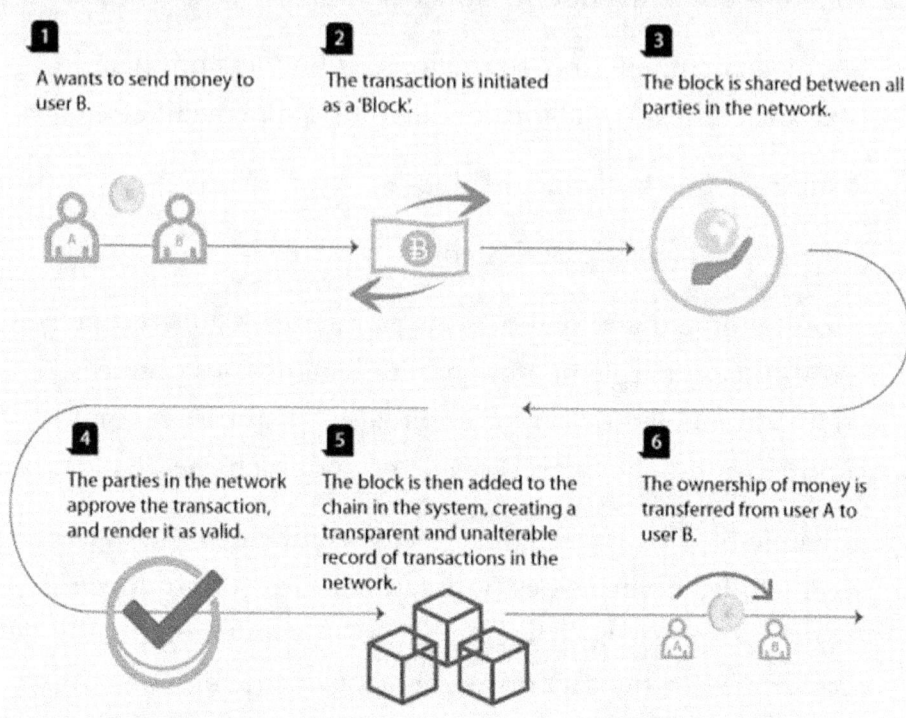

Ces hachages sont importants car ils sécurisent les blocs. Une fois qu'un bloc a été accepté dans la chaîne de blocs, il ne peut plus être modifié. Les mineurs valident anonymement ces transactions.

Pour leur aide, les mineurs sont récompensés en bitcoins. Le terme « Preuve de travail » a été inventé pour aider les mineurs à valider les transactions.

Qu'est-ce que l'exploitation du Bitcoin ?

Le terme « exploitation » est souvent associe à des ressources naturelles comme l'or, l'argent et d'autres minéraux. Ces ressources sont limitées et sont donc des très précieux, un peu comme Bitcoin.

De même, « l'exploitation » est le terme utilisé par le fondateur du Bitcoin, Satoshi Nakamoto, parce que les mineurs iront essentiellement en profondeur dans le réseau Bitcoin pour exploiter ces pièces précieuses.

Les mineurs de Bitcoin ne se saliront peut-être pas les mains et les genoux pour extraire des bitcoins, mais avec la difficulté croissante pour résoudre les fonctions complexes de hachage cryptographique, ils pourraient tout aussi bien l'être !

Le processus d'extraction des Bitcoins crée deux résultats suivants : le premier est de sécuriser et de vérifier les transactions qui se produisent sur le réseau Bitcoin, et le second est de créer de nouveaux bitcoins.

L'extraction de Bitcoin implique l'utilisation de l'algorithme SHA-256. SHA signifie Secure Hashing Algorithm (algorithme de hachage sécurisé) qui est un algorithme de calcul utilisé pour le cryptage.

Étant donné que le Bitcoin est un type de monnaie décentralisée, ce qui signifie qu'aucun organisme central ou autorité ne donne des autorisations aux mineurs, toute personne ayant accès à l'électricité et à un matériel informatique peut exploiter des bitcoins.

Cependant, ces machines sont elles-mêmes très coûteuses car vous aurez besoin de puces informatiques spécialisées pour exploiter efficacement les bitcoins, car ces fonctions de hachage complexes que les mineurs doivent résoudre deviennent de plus en plus compliquées avec le temps.

Au début, vous pouviez utiliser le processeur de votre ordinateur et le GPU pour résoudre les problèmes de hachage, mais aujourd'hui les problèmes sont si compliqués que les mineurs installent des plateformes coûteuses et forment des groupes de mineurs pour mettre en commun les ressources de leurs ordinateurs !

Les mineurs individuels n'ont d'autre choix que de rejoindre des groupes de mineurs parce que leurs machines individuelles ne peuvent tout simplement pas gérer la lourde charge de travail.

L'exploitation du Bitcoin et ses difficultés

Les ordinateurs impliqués dans l'extraction du bitcoin essaient de résoudre des problèmes mathématiques complexes qui sont presque impossibles à résoudre pour un être humain. Non seulement ces problèmes deviennent de plus en plus difficiles, mais ils prennent aussi beaucoup de temps pour les ordinateurs car ils prennent beaucoup de temps et d'énergie électrique à résoudre.

En fait, les experts mineurs estiment qu'environ 150 000 $ d'électricité sont utilisés chaque jour par les mineurs de Bitcoin partout dans le monde !

En moyenne, il faut environ 10 minutes aux mineurs de Bitcoins pour trouver un nouveau bloc avec chaque bloc contenant environ 2 000 transactions. Ces 10 minutes sont le temps nécessaire pour que les transactions bitcoins soient validées par le réseau et qu'elles forment un nouveau bloc.

Par conséquent, un nouveau bloc est créé chaque fois que ces problèmes complexes sont résolus. Ce processus est plus communément connu sous le nom de 'Preuve de travail', ce qui élimine la possibilité que seuls quelques mineurs exploitent tous les bitcoins restants pour eux-mêmes.

Puisque le réseau de Bitcoin est décentralisé sans qu'un organisme central ne régule les transactions, ce système autogéré prend en compte chaque mineur en tant que partie intégrante du système. Sans les mineurs, il n'y aurait pas de bitcoins, c'est tout simple. En raison du rôle important joué par les mineurs dans le réseau Bitcoin, ils sont récompensés de plusieurs façons.

Tout d'abord, les frais de transaction que les utilisateurs paient pour chaque transaction bitcoin sont envoyés aux mineurs. Deuxièmement, le réseau récompense chaque mineur gagnant d'un nombre déterminé de bitcoins ; la deuxième récompense est la plus importante car elle est la seule façon de créer de nouveaux bitcoins. Ainsi, les mineurs doivent continuer à en extraire afin que de plus en plus de bitcoins soient créés et libéré dans le réseau.

En 2009, lorsque le premier bloc Bitcoin a été exploité par Satoshi Nakamoto lui-même, la récompense était de 50 bitcoins pour chaque bloc. Cependant, la récompense est réduite de moitié tous les 210 000 blocs, soit environ 4 ans.

Cela signifie que 210 000 blocs après la genèse (ou les débuts), le mineur qui a réussi à extraire le bloc 210 001 -ème a été récompensé que de 25 bitcoins ; cela s'est passé le 28 novembre 2012.

Puis encore 210 000 blocs plus tard, le 9 juillet 2016, la récompense a encore été réduite de moitié, cette fois en 12,5 bitcoins. Il est prévu qu'en 2021, au moment où les prochains 210 000 blocs seront complétés, la récompense sera réduite à 6,25 bitcoins.

Une autre chose intéressante à noter est que pendant que les récompenses deviennent de plus en plus petites, la difficulté d'exploitation augmente. Il y a beaucoup plus de concurrence maintenant, et les mineurs solitaires ont presque aucune chance de trouver un seul bloc par eux-mêmes. L'adhésion à des groupes de mineurs permet à plusieurs mineurs de mettre en commun leurs ressources, mais cela signifie également qu'ils partagent la récompense entre eux.

Des nuages d'exploitation de Bitcoins- Une alternative à l'exploitation

Des plateformes ?

Il faut se méfier ! Les plates-formes (nuages) d'extraction de Bitcoin sont pleines d'escroqueries inspirées de la pyramide de Ponzi. Alors que certains voient cela comme une excellente alternative aux plateformes régulières minières, il n'y a que quelques transactions dans les nuages d'exploitations minières du bitcoin qui sont légitimes.

En théorie, l'exploitation du nuage est la solution parfaite pour les personnes qui veulent extraire des bitcoins sans acheter leurs propres ordinateurs et rejoindre une plateforme.

Ils n'ont pas besoin de s'inquiéter de l'électricité et de tous les autres problèmes auxquels les vrais mineurs doivent faire face. En bref, tout ce que vous avez à faire est de payer les frais d'abonnement et d'attendre que vos gains Bitcoin soient envoyés à votre porte-monnaie. Ça a l'air génial, non ?

Beaucoup de gens sont attirés par ce modèle, et bien sûr, les escrocs et les voleurs sont prêts à saisir cette occasion.

L'exploitation du Bitcoin est-il rentable ?

Cette question à un million de dollars vous apportera beaucoup de réponses différentes. Certains vous encourageraient à aller de l'avant, tandis que d'autres vous diront que le temps d'extraire des bitcoins est révolu. Avec les prix du Bitcoin qui battent continuellement des records et atteignent des sommets historiques, l'investissement peut valoir la peine.

Mais le Bitcoin est une crypto-monnaie tellement volatile, et nous ne pouvons jamais prédire la tendance que son prix va suivre, c'est donc un énorme risque pour les mineurs aussi bien que lorsque le prix baisse.

Lorsque cela se produit, la meilleure chose à faire pour les mineurs est de conserver leurs bitcoins et d'attendre que le prix remonte avant de le revendre aux acheteurs désireux.

Chapitre 4

COMMENT INVESTIR DANS LE BITCOIN ET AUTRES CRYPTO-MONNAIES

Les devises comme le Bitcoin et Ethereum sont définitivement de loin les crypto-monnaies d'investissement les plus populaires actuellement. Ces monnaies cryptographiques immuables et échangeables promettent de devenir une monnaie sure et non manipulable pour le monde entier. Leurs défenseurs voient un avenir dans lequel le Bitcoin ou d'autres crypto-monnaies remplaceront l'Euro, le Dollar etc. Et créeront la première monnaie mondiale libre et fiable.

Avoir des Bitcoins signifie que vous avez des parts dans cette entreprise. Si le Bitcoin remplace les réserves monétaires des banques centrales ou devient la monnaie dominante pour les échanges internationaux - pour ne citer que deux exemples - la valeur d'un Bitcoin dépassera largement 10 000 dollars. Acheter et garder des crypto-monnaies est un pari sur le succès de cette devise révolutionnaire.

Il y a trois bonnes raisons d'investir dans les cryptomonnaies. Tout d'abord, parce que vous voulez protéger vos économies contre la chute du tout-puissant dollar, qui est considéré par beaucoup de gens inévitables à un moment donné. Deuxièmement, parce que vous soutenez la vision futuriste des crypto-monnaies - celle d'une monnaie libre et durable pour le monde entier. Troisièmement, parce que vous comprenez et aimez la technologie.

Cependant, il y a aussi de très mauvaises raisons d'investir dans les cryptomonnaies. Beaucoup de gens sont victimes de la bulle des crypto-monnaies. Il y a toujours quelqu'un qui de devient victime de FOMO en anglais (la peur de passer à côté), en achetant massivement au sommet d'une bulle, juste dans l'espoir de gagner rapidement de l'argent, tout en ne comprenant pas du tout les crypto-monnaies. C'est une mauvaise raison. Ne faites pas cela. Renseignez-vous avant d'investir.

Construire votre portefeuille

L'ancienne crypto-monnaie formelle dans était le Bitcoin. Jusqu'à la fin de l'année 2016, le Bitcoin était la crypto-monnaie, et il n'y avait pas grand-chose d'autre. Si vous vouliez investir dans le succès des crypto-monnaies, vous deviez acheter des Bitcoins période. D'autres crypto-monnaies - appelées "Altcoins" sont principalement utilisés pour maintenir le fonctionnement des GPU des mineurs, monter les prix et leurs permettent de les vendre aux moments opportuns.

Cependant, cela a changé. Bien que Bitcoin soit toujours la crypto-monnaie dominante, en 2017 sa part de l'ensemble du marché de crypto-monnaie est rapidement passée de 90 à environ 40%. Beaucoup de gens ceux sont laisser influencer par la popularité croissante d'Ethereum et de l'auto-déchirure de la communauté Bitcoin sur la question des blocs. Cela montre à nouveau qu'il est important de garder les yeux ouverts et d'écouter les blogs de crypto-connaisseurs.

Si vous voulez investir dans des cryptomonnaies, Bitcoin est toujours un élément standard de chaque portefeuille - mais ce n'est plus le seul meilleur. Dans chaque portefeuille bien équilibré, vous trouverez aujourd'hui d'autres monnaies comme :

Un bon point de départ pour mettre en place votre portefeuille devrait être le site Web coinmarketcap.

- Ethereum
- Ripple
- Litecoin
- Tiret
- Monero

Si vous voulez avoir un portefeuille équilibré à un moment donné, la bonne stratégie serait de se procurer les dix devises les plus populaires dans votre portefeuille. Encore plus intéressant, cependant il est recommandé de prendre son temps, lire sur ces monnaies, décider, si leur vision vous conviennent.

Par exemple, vous trouverez des pièces axées sur la confidentialité, comme :

- Tiret
- Monero
- Zcash

Certaines sont basés sur des contrats intelligents, comme Ethereum et Ethereum Classic, et certains sur les paiements à échelonné, comme Litecoin et, encore une fois, Dash. Certaines monnaies, comme Ripple ou Nem ou Bitshares, semblent être moins ouvertes et décentralisées que Bitcoin et d'autres pièces de monnaie.

Les marchés de la crypto-monnaie sont un écosystème flamboyant et souvent confus, dans lequel vous trouvez des milliers de chances de gagner beaucoup d'argent - et de tout perdre. Chaque jour donne naissance à de nouvelles monnaies et à la mort de certaines vieilles monnaies. Chaque jour on voit des crypto-monnaies perdre lourdement en valeur et d'autres augmenter exponentiellement.

Si vous achetez des altcoins, il y a quelques règles pour différencier les bons des mauvais. Les bonnes monnaies ont une vision technique transparente, une équipe de développement active et une communauté vivante et enthousiaste. Les mauvaises monnaies sont transparentes, favorisent des avantages techniques flous sans expliquer comment les atteindre, et ont une communauté qui se concentre principalement sur la richesse. Peut-être le pire fracas de certaines crypto-monnaies sont MLM, OneCoin, qui ciblent les techniques non informées avec un système de commercialisation à plusieurs niveaux, promettant d'être le prochain Bitcoin. Méfiez-vous d'eux !

Comment acheter des Crypto-monnaies ?

Alors qu'il y a quelques années c'était une véritable Odyssée d'acheter des crypto-monnaies, aujourd'hui vous avez une gamme complète d'options.

Échange de billets négociés en bourse et plus

Commençons par acheter Bitcoin. C'est la partie la plus facile. Certaines personnes veulent investir dans les Bitcoin sans se soucier de comment les stocker.

Ils peuvent utiliser des outils d'investissement comme le tracker XBT (disponible sur les bourses suédoises et allemandes), le Bitcoin investment trust aux (USA), le Bitcoin

ETI (à Gibraltar et en Allemagne) et quelques autres. Au fur et à mesure que le Bitcoin augmente, de plus en plus de courtiers et d'échanges essaient d'installer un produit financier basé sur Bitcoin.

Tous ces outils d'investissement ont en commun qu'ils permettent aux investisseurs de parier sur le prix du Bitcoin sans réellement en acheter. Alors que la plupart des fans de crypto-monnaies pensent que cela enlève tout son sens et tout son but, pour de nombreuses personnes, c'est la façon la plus simple d'investir dans le succès du Bitcoin. Vous pouvez utiliser les réseaux d'investissement auxquels vous êtes déjà habitué, et si quelque chose ne va pas, vous aurez votre certificat et poursuivre quelqu'un en justice.

Acheter de vrais Bitcoin en bourse

Si vous voulez faire l'expérience de posséder de réels Bitcoins - ou si vous voulez éviter de payer les frais en partie élevés pour les produits d'investissement - vous devriez commencer à acheter des Bitcoins directement. Pour le faire, vous avez beaucoup d'options partout dans le monde.

Par exemple, en Europe, vous pouvez utiliser :

• Bitcoin.de

• Kraken

Canada

- Coinsquare

Etats-Unis

- Coinbase

Asie

- OKCoin

Dans ce cas, vous devez ouvrir un compte en bourse, faire vérifiez votre identité - cela est nécessaire en raison des règles de lutte contre le blanchiment d'argent dans la plupart des juridictions - et financez votre compte avec des Dollars ou des Euros ou n'importe quelle devise en espèce que vous utilisez. Sur certaines bourses, comme Bitcoin.de, vous n'avez pas besoin de financer votre compte, mais vous effectuer directement des transactions avec d'autres utilisateurs.

La question, quelles bourses utiliser dépend surtout de l'endroit où vous vivez. Il est toujours préférable d'utiliser une bourse physiquement proche de vous. Si elle est située dans la même juridiction que vous, vous aurez de meilleures chances de récupérer légalement votre argent si la situation tourne mal. Si aucune plateforme boursière n'est située dans votre juridiction, il est préférable d'utiliser des plateformes situées dans des pays stables avec un bon système juridique.

Un autre facteur pour décider de quelle bourse d'échange vous utiliserez dépend de la monnaie que vous comptez vous procurez et de votre patience. Si vous voulez acquérir rapidement de grandes quantités de Bitcoins, vous devez utiliser l'une des principales bourses qui fournissent suffisamment de liquidité. Si vous voulez seulement acheter de petites quantités de crypto-monnaies et que vous n'êtes pas pressé, vous pouvez essayer de les acheter sur de petites plateformes.

Acheter d'autres crypto-monnaies

Certains échangeurs majeurs tels que Kraken, BitFinex et BitStamp, ont commencé à répertorier certaines crypto-monnaies populaires, comme Litecoin, Ethereum, Monero et Ripple. Si vous y penser pour votre portefeuille, n'hésitez pas à les acheter en gros.

Mais il y a des centaines de crypto-monnaies disponibles de nos jours. Si vous voulez aller à un supermarché de crypto-monnaies, où vous pouvez acheter et vendre la plupart d'entre eux, vous devez vous inscrire à ce qu'on appelle généralement un échangeur altcoin.

Les exemples sont :

- Bittrex
- Yunbi

- Bithumb

- Poloniex.

Encore une fois, le site coinmarketcap est utile, car il répertorie tous les crypto-échanges, triés par volume d'échange.

Les bourses Altcoin ont des règles KYC en français (connaitre son client) moins strictes, car ici vous ne négociez généralement pas avec de l'argent fiduciaire. Vous pouvez financer votre compte avec des Bitcoins, qui sert d'unité de compte pour les marchés altcoin, similaire à la fonction du Dollar sur les marchés Forex.

Comme avec les bourses Bitcoin, vous devez choisir une bourse disposant d'un haut niveau de confiance. Cependant, la plupart des échanges d'altcoin ne sont pas réglementés, et beaucoup sont situés en Asie. Donc, vous ne devriez jamais trop leur faire confiance, car vous n'avez presque aucune chance de récupérer quoi que ce soit s'ils sont piratés ou font faillite. Mais les échanges comme Poloniex et Bittrex sont basés aux États-Unis et ont une longue réputation de fournir un environnement commercial sûr et sécurisé.

Comment stocker les crypto-monnaies ?

Après avoir acquis crypto-monnaies, la question la plus importante est de savoir comment les stocker. Vous avez plusieurs options qui vous permettent de mesurer le danger.

Gardez-les hors des echangeurs

Si vous avez investi non seulement dans Bitcoin mais dans plusieurs Altcoins, il n'y a généralement aucun moyen de garder des pièces dans un échangeur. Vous ne voulez pas avoir à vous soucier de l'installation, de la compilation, de la vérification de logiciels malveillants, de l'utilisation, de la synchronisation et de la mise à jour du logiciel pour chaque pièce dans laquelle vous avez investi.

Plus que dans le processus d'achat, la confiance en un échangeur devient très importante, lorsque vous y stockez vos pièces. Ils sont connus pour des faits de hacks et de faillites sur les marchés de crypto-monnaies, le plus connu étant le hack de Mt. Gox, qui a subtiliser des centaines de millions de dollars de clients. Donc, si vous utilisez un échangeur pour stocker votre monnaie, vous devriez recueillir quelques informations.

- Où sont-ils situés?

- Les propriétaires sont-ils connus?

- Depuis quand fonctionnent-ils?

- Fournissent-ils des vérifications pour s'assurer que toutes les pièces sont disponibles?

- Comment réagissent-ils aux demandes des clients?

Par exemple, pour les personnes dans l'UE, Bitcoin.de bénéficie d'une bonne réputation. L'échangeur fonctionne sans perte de fonds des clients depuis 2011, les propriétaires sont bien connus dans la communauté allemande et européenne, et un audit annuel externe a l'entreprise, vérifie que toutes les pièces sont disponibles. Ce niveau de confiance, cependant, peut rarement être atteint lorsque vous détenez beaucoup d'altcoins. C'est le risque que vous devez prendre.

Notre recommandation : Stockez-les par vous-même

La véritable révolution des crypto-monnaies est l'autonomie qu'elles accordent à l'individu. Cette propriété peut être retrouvée aussi et surtout quand il s'agit de stocker des crypto-monnaies. Tu n'as besoin de personne. Ni aide, et ni confiance. Tout ce dont vous avez besoin est de télécharger un logiciel gratuit et ouvert.

Encore une fois, vous avez la plupart des options avec Bitcoin. Pour la crypto-monnaie la plus célèbre, il existe beaucoup de portefeuilles selon les appareils. Ce logiciel peut être utilisé pour recevoir, stocker et envoyer des Bitcoins. Cela, accorde le plus haut niveau d'autonomie, mais nécessite aussi beaucoup de temps pour se synchroniser et le disque pour stocker la chaîne de blocs. Les plus faciles à utiliser sont comme Electrum. Ils sont disponibles pour tous les appareils.

Il est important de savoir que lorsque vous stockez une crypto-monnaie vous-même, c'est uniquement vous qui êtes responsable de la sécurité de votre argent. Si vos smartphones tombent dans l'eau, vos pièces de monnaie pourraient disparaitre. Si vous recevez un logiciel malveillant sur votre ordinateur, vos pièces pourraient être subtiliser. Etc.

Heureusement, vous avez plus d'une option pour faire une sauvegarde. D'abord, vous pouvez copier les fichiers de votre portefeuille sur une clé USB. Mieux vaut en utiliser deux ou trois. Deuxièmement, vous pouvez imprimer votre clé privée. C'est l'information la plus précise dont vous avez besoin pour reconstruire l'accès aux pièces appartenant à une certaine adresse. Troisièmement beaucoup de portefeuilles soutiennent ce qu'on appelle des graines, qui sont des phrases de 12 à 24 mots aléatoires. Avec elles, vous pouvez non seulement sauver une seule adresse. Si vous les imprimez, vous n'avez pas à vous soucier de vos pièces de monnaie.

Une des options les plus sûres pour stocker des Bitcoins est le portefeuille matériel comme Trezor ou Ledger. Il s'agit de cartes à puce ou de micro-machines, qui peuvent générer des clés et signer des transactions sans que l'ordinateur principal soit directement impliqué. Les parties les plus vulnérables du Bitcoin - les clés privées - ne communiquent pas avec Internet. Cependant, on a des portefeuilles papier qui sont jugés encore plus sûr . Cela signifie simplement que vous imprimez votre sauvegarde et supprimez le portefeuille de toute machine connectée à Internet. Pas de connexion, pas d'ordinateur, pas de hacker. Juste un morceau de papier, qui peut stocker des millions ou des milliards de dollars.

Comme avec la plupart des choses, l'infrastructure d'Altcoins ne peut rivaliser avec celle de Bitcoin. Certains altcoins populaires, comme Litecoin, Ripple et Ethereum, peuvent être stockés dans des portefeuilles matériels. Si vous savez ce que vous faites, vous pouvez également utiliser des portefeuilles papier pour n'importe quel Altcoin, car les concepts cryptographiques fondamentaux restent les mêmes.

Certains portefeuilles légers, par exemple, Exodus, peuvent stocker plusieurs pièces, par exemple, Ethereum, Dash, Litecoin et Dogecoin. En outre, Electrum peut être utilisé pour stocker Litecoins et Dash.

Mais il n'y a pas de moyen unique pour stocker une grande variété d'Altcoins par vous-même. Si vous voulez le faire, vous devez télécharger sa chaîne de blocs et la garder à jour. Si votre portefeuille se compose de 10 ou 20 pièces, et que le fait de jouer avec un logiciel n'est pas votre passe-temps, vous pouvez opter pour une solution alternative en toute sécurité et utiliser les échangeurs

Chapitre 5

LES STRATÉGIES DE NÉGOCIATION DES CRYPTO-MONNAIES (RENTABILISER LORSQUE LES PRIX MONTENT OU DESCENDENT)

Négocier et vendre vos bitcoins peut être une activité très rentable. Vous connaissez probablement quelqu'un ou entendu parler de quelqu'un qui a acheté des bitcoins au tout début quand cette monnaie ne valait presque rien, et a fini par revendre chaque bitcoin pour des milliers de dollars !

Ou vous connaissez peut-être des gens qui s'engagent dans le commerce du bitcoin et en profitent très bien aussi. Cela peut sembler facile, mais la vérité est que le commerce du bitcoin n'est pas fait pour tout le monde.

Les débutants doivent particulièrement faire preuve de prudence et être prêts mentalement et financièrement avant de se plonger dans ce monde excitant et à haut risque. Lors de ce commerce, il est logique de suivre la stratégie « acheter bas et vendre haut » afin que vous puissiez faire un profit.

Vous ne voulez pas les vendre à un prix inférieur à celui auquel vous les avez achetés parce que vous vendez à perte. Mais tout cela semble facile sur papier.

Dans le vrai monde, lorsque vous avez affaire à des bitcoins qui valent des centaines, des milliers ou même des millions de dollars, si vous n'avez pas un bon état d'esprit et la discipline financière, vous pourriez paniquer très facilement.

Surtout si vous échangez des bitcoins qui représentent l'ensemble de vos économies, votre fonds de retraite, ou les frais de scolarité de vos enfants !

Les stratégies de vente des Bitcoins

Le bon sens et le contrôle de soi devraient prendre le pas sur la cupidité et l'idée d'avoir un profit de milliers de dollars en une seule journée. Voici quelques stratégies de vente du bitcoin pour vous guider dans le monde du trading.

Pratiquez d'abord

Apprendre tout sur les aléas de la vente de bitcoins est super, mais connaître la théorie est différent de la pratique. Certains échangeurs de bitcoins offrent un compte démo où vous pouvez jouer et faire l'expérience du vrai commerce en utilisant les prix en temps réel.

Vous aurez une idée de comment fonctionne ce milieu, pour ainsi dire, et vous verrez par vous-même si vous avez le courage de jouer à ce jeu à haut risque.

Planifiez votre stratégie

Pour commercialiser des bitcoins avec succès, vous devez avoir une bonne stratégie en place. Vous ne suivez pas aveuglément les nouvelles et pensez que parce que tout le monde achète des bitcoins, alors vous devriez en acheter aussi.

Avoir un plan en place sur les prix auxquels vous devriez acheter des bitcoins et à quel prix les revendre pour en tirer profit, et assurez-vous de respecter ce plan. Cela signifie ne pas paniquer quand vous constatez une baisse des prix.

Investir de petits montants.

Dans le cadre de votre pratique ou de votre stratégie d'entraînement, vous devriez commencer petit et ne pas tout vendre lors de votre première transaction. C'est bien de perdre tout votre argent dans un compte démo, mais quand c'est de l'argent réel, vous ne voulez pas risquer de perdre des sommes énormes dès le premier jour.

En règle générale, ne risquez jamais plus de 2% par opération. Chaque fois que vous obtenez 4% de profit, clôturez une partie de la transaction (2%) et laissez l'opération monter jusqu'à ce qu'elle atteigne 4% du bénéfice, alors à ce moment vous clôturez l'opération.

Contrôlez vos émotions

Il est normal de s'inquiéter au premier signe de perte d'argent. Cependant, comme vous le savez déjà, le Bitcoin est très volatile, et en un seul jour, le prix peut baisser de plusieurs centaines ou milliers de dollars. Mais le contraire est aussi vrai. Le prix peut tout aussi bien monter les prochaines heures ou plus.

Si vous savez retenir vos émotions et pensez logiquement, vous aussi pourrez faire de l'argent grâce au commerce du Bitcoin.

Cependant, si vous ne parvenez pas à contrôler vos émotions et laisser la panique vous vaincre, alors vous êtes voué à perdre.

Plateformes populaires du commerce du Bitcoin

Maintenant que vous connaissez les stratégies très utiles du commerce du Bitcoin, il est temps d'en apprendre davantage sur certaines des plates-formes de commerce les plus populaires pour Bitcoin et autres crypto-monnaies.

Coinbase

Coinbase est l'un des plus grands bureaux de change numériques du monde avec plus de 50 milliards de dollars de devises échangées depuis 2011. Actuellement, il sert plus de 10 millions de clients dans 32 pays.

La plateforme est très facile à utiliser, et vous pouvez facilement acheter et échanger votre monnaie numérique.

- Pour commencer, vous devez créer un portefeuille numérique gratuit que vous pouvez utiliser pour stocker votre crypto-monnaie.

- Ensuite, vous devez lier votre compte bancaire, votre carte de crédit ou de débit, afin que vous puissiez échanger votre devise locale contre la crypto-monnaie de votre choix.

- Une fois votre compte créé et financé, il est temps d'acheter des crypto-monnaies. Vous avez la possibilité d'acheter des bitcoins, ethereum et litecoin. Vous pouvez le faire soit sur leur site Web ou leur application mobile. Maintenant que vous avez quelques bitcoins, vous pouvez choisir de commencer à faire des échanges sur la plateforme de trading GDAX (Global Digital Asset Exchange) de Coinbase, même si cela s'adresse à des traders plus avancés et plus expérimentés. Pour les débutants cependant, il est préférable de s'en tenir à l'interface plus conviviale de Coinbase. La bonne chose à propos de Coinbase est que votre monnaie numérique est entièrement assurée tandis que votre monnaie fiat (monnaie locale) sont stockés dans des comptes bancaires de garde. Les portefeuilles USD Coinbase des citoyens américains sont couverts par une assurance FDIC, jusqu'à un maximum de 250 000 $. Pour vendre vos bitcoins, ethereum ou litecoins, vous devez simplement indiquer le montant que vous voulez vendre et le portefeuille que vous comptez utiliser. Ensuite, sélectionnez le compte bancaire dans lequel vous souhaitez déposer votre argent. Pour le moment, Coinbase n'autorise pas l'envoi du produit de vos ventes à une carte de crédit ou de débit. Il est donc important de lier un compte bancaire à votre compte Coinbase.

Kraken

Kraken est l'un des noms les plus fiables dans l'échange de bitcoins et de crypto-monnaie depuis 2011. La société est également considérée comme la plus grande bourse de bitcoins en termes de volume et de liquidité en euros. En plus de négocier des bitcoins, ils négocient aussi des dollars américains, des dollars canadiens, des livres britanniques et des yens japonais.

Beaucoup d'utilisateurs internationaux aiment Kraken parce qu'il est très accessible au niveau international et qu'ils prennent en charge de nombreux types de devises et crypto-monnaies nationales.

Kraken offre de nombreuses options pour le trading. Vous pouvez facilement échanger entre l'une de leurs 17 crypto-monnaies prises en charge avec l'Euros, USD, CAD, JPY et GBP. Ils offrent autant de paires de négociation possibles, ils ont une très longue page dédiée juste pour leur grille tarifaire !

Pour commencer avec Kraken, vous devez créer un compte gratuit. Après avoir vérifié votre compte, vous pouvez le financer avec de l'argent ou une crypto-monnaie, puis passer une commande pour acheter des bitcoins (ou une autre crypto-monnaie) sur le marché.

Lorsque votre demande de commande est remplie, vous pouvez retirer votre bitcoins / crypto-monnaie dans votre portefeuille. Leur interface en ligne est relativement simple lors de la commande, cependant, leurs outils de négociation sont robustes et sont parfaits pour les utilisateurs plus avancés.

Pour vendre des bitcoins, vous devez envoyer vos bitcoins de votre portefeuille vers votre compte Kraken, puis créer un nouvel ordre pour les vendre ou les échanger contre l'une des monnaies nationales disponibles. Une fois votre commande remplie, vous pouvez ensuite procéder au retrait de l'argent sur votre compte bancaire lié.

CEX.io

CEX.io est l'une des plateformes d'échange de crypto-monnaie les plus populaires aujourd'hui avec plus d'un million d'utilisateurs actifs dans le monde. Cependant, la société n'était pas à l'origine un échangeur ; Il a été créé en 2013 en tant que premier fournisseur de services d'exploitation de nuages. Alors que l'aspect minier de l'entreprise a depuis été fermé, leur plate-forme d'échange est clairement en plein essor.

De nombreux utilisateurs apprécient la transparence des prix de CEX.io. Si vous achetez des bitcoins, ils vous permettent de voir à quel point vos 100 $, 200 $, 500 $ ou 1000 $ vous rapporteront. Vous pouvez également voir facilement combien de Bitcoin vous pouvez acheter en Livre Sterling, en Euro et en Rouble Russe. Le prix d'achat est mis à jour toutes les 120 secondes.

Pour commencer, vous devez créer un compte et ajouter des fonds en utilisant votre carte de crédit (vous pouvez lier n'importe quel nombre de cartes de crédit à votre compte), ou vous pouvez également faire un virement bancaire. Ils acceptent USD, EUR, RUB, GBP ou votre monnaie locale.

Une fois les fonds ajoutés à votre compte, vous pouvez facilement acheter des bitcoins en 1 clic. Vous avez ensuite la possibilité de le stocker dans votre portefeuille CEX.io, de l'échanger ou de le retirer dans votre portefeuille personnel.

La vente de bitcoins est également très facile sur CEX.io. Ayez simplement les bitcoins dans votre compte, puis utilisez leur section d'achat / vente pratique pour de l'argent instantané, ou vous pouvez passer une commande dans la section Trade du site (vous pourriez obtenir un meilleur taux de change si vous échangez).

Bitstamp

Fondé en 2011 au Royaume-Uni, Bitstamp est l'un des pionniers du commerce du Bitcoin. Ils améliorent constamment leurs services, et à ce jour, ils permettent le commerce de bitcoins, ripple, litecoin, et le Bitcoin cash. Bitstamp a une bonne réputation dans le monde entier, d'autant plus qu'ils acceptent les transactions de n'importe qui dans le monde.

Toutes les principales cartes de crédit sont également acceptées, ce qui rend la plateforme très conviviale pour les utilisateurs internationaux. Ils ne prennent pas non plus de frais cachés. Ils ont des prix transparents basés sur le volume. Ils garantissent que 98% des fonds numériques sont stockés hors ligne pour des raisons de sécurité.

Bitstamp ne vend pas les bitcoins eux-mêmes. Au lieu de cela, ils fournissent un service ou une plate-forme où les gens commercent directement les uns avec les autres et les acheteurs obtiennent leurs bitcoins et les vendeurs obtiennent leur argent au prix qu'ils veulent.

Pour commencer à acheter et à vendre des bitcoins, vous devez créer un compte Bitstamp. Vous devez ensuite transférer des fonds sur votre compte via SEPA, virement bancaire ou carte de crédit. Une fois le paiement crédité, vous pouvez passer une commande d'achat instantanée qui vous permettra d'acheter automatiquement des bitcoins au prix le plus bas offert sur le marché Bitstamp.

Vous pouvez également placer une commande à cours limité dans laquelle vous pouvez définir le prix auquel vous souhaitez vendre vos bitcoins. Une fois vos bitcoins vendus, vous pouvez procéder au retrait de vos fonds en USD ou en EUR.

Bitfinex

Depuis 2014, Bitfinex, basée à Hong Kong, est la plus grande plate-forme de négociation de crypto-monnaie au monde en termes de volume. Cette plate-forme de négociation permet des transactions parmi les principales cryptomonnaies telles que Bitcoin, Ethereum, Litecoin, Money, Dash, Ripple, et plus encore. Avoir un tel volume d'échanges de Bitcoins sur cette plate-forme implique la meilleure liquidité.

Cela signifie que vous pouvez échanger un grand volume de bitcoins au prix que vous voulez. Les frais de Bitfinex sont également très bas par rapport à d'autres échanges de crypto-monnaie sur ce guide. C'est pourquoi beaucoup de gens aiment échanger sur cette plate-forme comme plus d'argents vont dans leurs comptes au lieu d'être payé en frais.

Financer votre compte Bitfinex n'est pas aussi simple qu'avec les autres plateformes. Le seul moyen de déposer de l'argent est par virement bancaire, ce qui peut prendre des jours. En plus du retard, vous devrez également payer à Bitfinex 0,1% du montant du dépôt avec un minimum de 20 $. Le retrait de vos dollars est également un casse-tête car ils offrent seulement des retraits bancaires. Votre argent peut prendre jusqu'à 7 jours pour être publié sur votre compte !

Pour éviter ce désagrément, les experts en trading vous suggèrent de récupérer vos bitcoins ou d'autres cryptos ailleurs et de les transférer sur votre compte Bitfinex. Pour les retraits, vous pouvez retirer votre crypto-monnaie de votre portefeuille et ensuite le vendre localement. Cette solution de contournement signifie que vous utilisez uniquement Bitfinex pour le commerce des crypto-monnaies.

Êtes-vous prêt à commencer à échanger des bitcoins ?

Il y a beaucoup plus d'échanges de bitcoins et de crypto-monnaie que nous n'avons pas pu inclure dans ce guide. Il est préférable de faire preuve de diligence et de recherche avant de choisir une plate-forme d'échange. Rappelez-vous simplement que, quelle que soit la plate-forme d'échange de crypto-monnaie avec laquelle vous choisissez de faire affaire, vous devez toujours déplacer votre crypto-monnaie vers un portefeuille plus sécurisé, tel qu'un portefeuille matériel ou un portefeuille papier.

Ne le laissez pas dans un portefeuille en ligne car il risque fortement d'être volé par des hackers. Si vous devez en stocker dans votre portefeuille en ligne, gardez le plus petit montant que vous pouvez vous permettre de perdre.

Quelles sont les meilleures heures de commerce des crypto-monnaies ?

Quand il s'agit de vendre des Bitcoins, cela n'a rien en commun avec des actions et des marchandises. Les actions ordinaires ne s'échangent que pendant les heures d'ouverture spécifiées. Mais quand il s'agit de Bitcoin, la négociation reste constante et active 24 heures sur 24, sept jours sur sept et 365 jours par an. L'horloge du point de vue du volume est principalement distribuée entre les sessions américaines, européennes et asiatiques. C'est le moyen le plus confortable et le plus pratique d'échanger. Il prend des frais minimes par rapport à d'autres types d'échanges traditionnels et les retraits se produisent en quelques heures à l'échelle mondiale. Il y a des exigences beaucoup moins sévères pour le commerce de Bitcoins que dans le marché boursier. Et c'est particulièrement vrai si vous échangez des Bitcoins exclusivement.

Pourquoi vous devriez éviter de négocier des options binaires sur Bitcoins

Certaines options sont disponibles, mais elles ne sont pas identiques aux options binaires - elles sont disponibles via plusieurs traders de Bitcoin. Lorsqu'elles sont utilisées correctement, les stratégies d'options réelles peuvent aider à élargir l'éventail des possibilités et à étendre le champ d'action du marché d'un opérateur. Les options sont utilisées pour permettre des positions de marché peu coûteuses, la négociation de la nature volatile des monnaies et bien plus encore. Ces options complexes sont dignes d'intérêt en raison de leur flexibilité sans précédent.

Ensuite, il y a des options binaires. Ils peuvent effectivement être utilisés pour prédire les prix futurs. Ils sont disponibles auprès d'un grand nombre de courtiers, mais le problème est qu'ils ne sont pas nécessairement recommandés pour les traders de Bitcoins qui ont de meilleures options. C'est parce qu'ils donnent le contrôle aux courtiers, et quand vous êtes un vétéran dans le monde du Bitcoin, c'est un pari beaucoup plus sûr d'avoir différentes options.

Une stratégie concrète et rentable

La meilleure stratégie de trading du Bitcoin est en fait une stratégie de trading de crypto-monnaies universelle qui peut être utilisée pour négocier l'un des plus de 1000 crypto-monnaies disponibles aujourd'hui.

La meilleure stratégie de trading des Bitcoins est composée de 85% de stratégie d'action des prix et de 15% d'une stratégie de négociation de crypto-monnaie qui utilisent un indicateur.

Le seul indicateur dont vous avez besoin est le :

On Balance Volume (OBV): C'est l'un des premiers indicateurs utilisés pour analyser fondamentalement le flux monétaire total d'un instrument. L'OVB utilise une combinaison d'activité en volume et en prix pour vous dire quel est le montant total des entrées et des sorties du marché.

L'indicateur OVB peut être trouvé sur la plupart des plateformes de trading comme Tradingview et MT4. Comment lire l'information de l'indicateur OVB est assez simple. En théorie, si le Bitcoin évolue et que l'OBV se négocie à la baisse, c'est une indication que les gens vendent, donc le mouvement à la hausse ne serait pas durable. La même chose est vraie à l'inverse si le Bitcoin était en baisse et en même temps l'OBV était en hausse.

Ce que nous voulons vraiment voir, c'est que l'OBV évolue dans la même direction que le prix Bitcoin. Plus tard, vous apprendrez comment appliquer ces informations avec la stratégie de négociation de crypto-monnaies.

Votre configuration graphique devrait avoir 3 fenêtres, une pour le graphique Bitcoin, la seconde pour le graphique Ethereum et enfin une fenêtre pour l'indicateur OVB.

Nous allons nous occuper de la divergence de prix entre le prix le Bitcoin et d'Ethereum. La divergence du smart money se produit lorsqu'une crypto-monnaie ne parvient pas à confirmer l'action de l'autre crypto-monnaie. Par exemple, si le prix d'Ethereum dépasse une résistance importante et que Bitcoin ne parvient pas à faire la même chose, nous avons alors une divergence de smart money. Cela signifie que l'une des deux crypto-monnaies est entrain de "mentir".

Avant d'acheter, nous avons besoin de la confirmation de l'indicateur OBV, ce qui nous amène à la prochaine étape de cette stratégie.

Si le prix du Bitcoin est inférieur à celui d'Ethereum, cela signifie que tôt ou tard, le Bitcoin devrait suivre Ethereum et dépasser sa résistance. Mais, comment savons-nous cela ? Simplement, l'OBV est un indicateur technique remarquable qui peut nous montrer si l'argent réel achète réellement des

Bitcoins ou bien au contraire, il se vend. Ce que nous voulons voir quand le Bitcoin ne parvient pas à dépasser un certain niveau de résistance et que Ethereum aussi s'écroule, c'est que l'OBV augmente non seulement dans la direction de la tendance, mais aussi au-delà de ce niveau, quand le Bitcoin s'échangeait précédemment à ce niveau de résistance.

Maintenant, tout ce qu'il nous reste à faire est de placer notre ordre de limite d'achat au niveau de la résistance en prévision de la possible cassure.

Il n'est pas surprenant de voir le déclenchement de ce commerce et que le prix du Bitcoin s'écroule comme prévu. Et lorsqu'il il s'agit de récupérer de bénéfices généralement un OBV supérieure à 105 000 est une lecture extrême qui signale au moins une pause dans la tendance, c'est pourquoi nous voulons récupérer des bénéfices.

Note ** Ceci est un exemple d'une transaction d'achat ... Utilisez les mêmes règles - mais à l'inverse - pour un commerce de vente.

Chapitre 6

Accepter et utiliser Bitcoin dans votre entreprise

Alors que de nombreuses boutiques et entreprises en ligne et physiques ont ajouté les Bitcoin à leurs options de paiement, ce n'est pas encore aussi répandu comme le souhaiterait la communauté du Bitcoin. La plupart des propriétaires d'entreprise préfèrent toujours les méthodes de paiement traditionnelles, car ils n'en connaissent tout simplement pas assez sur le Bitcoin et sur ce qu'ils en retireraient en les ajoutant à leur entreprise.

Beaucoup ne font pas confiance au Bitcoin et à sa volatilité. Ils pensent probablement qu'avec des changements aussi volatils dans les taux de change dollar-bitcoin, ils finiraient probablement par perdre leurs profits. Cette peur est compréhensible, mais il y a eu tellement d'innovations de nos jours que ce n'est vraiment pas une préoccupation du tout.

Après tout, de nombreuses entreprises bien connues comme Microsoft, Overstock, Expedia, Wikipédia, Wordpress.com, Shopify, et bien d'autres, acceptent déjà les paiements Bitcoin.

Les entreprises en ligne et hors ligne peuvent accepter les paiements Bitcoin

Ce n'est pas parce que Bitcoin est une monnaie virtuelle de nature électronique que les magasins hors ligne ne peuvent pas bénéficier de paiements bitcoin. Pour les boutiques en ligne, vous pouvez intégrer des processeurs de paiement tels que Stripe, Coinbase, Braintree et plus encore, sur la page de paiement de votre site e-commerce.

Pour les boutiques hors ligne, vous pouvez choisir parmi les terminaux Bitcoin ou les applications telles que XBTerminal, Coinify ou Coingate. Vous pouvez également imprimer les codes QR,

codes que vos clients peuvent scanner avec leurs portefeuilles mobiles et facilement vous payer en bitcoins.

Une fois votre portefeuille Bitcoin mis en place, tout ce que vous avez à faire est d'annoncer au monde entier que vous êtes prêt à accepter les paiements Bitcoin !

Comment gérer la volatilité de Bitcoin

La pensée de perdre vos profits et de donner votre marchandise gratuitement à vos clients est une idée effrayante. Vous pouvez rapidement faire faillite si tous vos clients ont payé en bitcoin.

À un moment donné, c'était peut-être vrai, mais avec les processeurs de paiement Bitcoin comme Coinbase et BitPay, il est maintenant possible de recevoir vos paiements en bitcoin et de les convertir instantanément en dollars américains ou toute autre devise supportée. De cette façon, vous évitez tous les risques associés au Bitcoin et recevez le montant total que vous êtes censé recevoir.

Par exemple, si votre client vous paie 100 $ de bitcoin pour une paire de jeans, vous recevrez exactement 100 $ dans votre compte bancaire. La passerelle de paiement que vous utilisez, par exemple BitPay, vous protégera contre la volatilité du bitcoin

Pour les plus gérants les plus entreprenants qui peuvent gérer l'imprévisibilité du Bitcoin, la possibilité de tirer encore plus profit des bitcoins avec lesquels ils ont été payés pourrait être irrésistible.

Si vous appartenez à cette catégorie, vous choisirez probablement de garder vos bitcoins dans vos portefeuilles numériques, et vous renoncerez à l'utilisation d'un processeur de paiement qui convertira automatiquement vos bitcoins en dollars.

Pourquoi votre entreprise devrait commencer à accepter les paiements Bitcoin

Bitcoin a été créé par Satoshi Nakamoto en réponse à l'effondrement du marché financier en 2008 qui a presque paralysé l'ensemble de l'économie mondiale. Il l'a créé pour résoudre ou surmonter les problèmes que nous avons avec un système bancaire centralisé qui a plus profité aux banques qu'aux consommateurs.

Pensez simplement aux frais bancaires que vous devez payer chaque fois que quelqu'un vous paie pour votre produit ou service. Les frais de dépôt, les frais de retrait, les frais de transaction, les frais de carte de crédit et toutes sortes de frais sont déduits de votre argent durement gagné.

Le but de Bitcoin était d'éviter tout cela, et ce système de paiement électronique de pair à pair était la solution de Satoshi Nakamoto au problème. Le système a été créé essentiellement pour que tout le monde obtienne ce qui leur est dû sans l'intervention inutile des banques et du gouvernement.

Les avantages des paiements Bitcoin pour votre entreprise

Si vous choisissez de commencer à accepter les paiements Bitcoin, votre entreprise présentera de nombreux avantages. En voici quelques-uns :

Aucun risque d'impayé ou de rejet de débit

Paypal, les paiements par carte de crédit et de débit laissent votre entreprise vulnérable aux impayés. La plupart, sinon la totalité, des entreprises (à la fois les commerçants en ligne et hors ligne) ont probablement connu ce problème à un moment ou un autre. Traiter un rejet de débit est un processus périlleux et qui prend du temps.

Vos clients peuvent prétendre ne pas reconnaître les frais sur leurs relevés de carte, ou que leur carte a été volée et quelqu'un d'autre l'a utilisée pour acheter votre marchandise, ou ils sont juste fâchés que votre marchandise ne soit pas telle que décrite ou qu'elle soit défectueuse.

Certaines personnes aiment simplement faire des rejets de débit parce qu'elles veulent obtenir un article gratuitement, surtout si c'est un article de grande valeur. Bien sûr, c'est une chose très contraire à l'éthique à faire, mais vous ne pouvez pas prédire les comportements de vos clients.

Avec les paiements Bitcoin, il n'y a aucun risque de rejet de débit car tous les paiements, une fois confirmés, sont définitifs. Il n'y a aucun moyen pour quiconque, pas même les programmeurs les plus astucieux et les plus intelligents au monde, d'inverser ou d'annuler une transaction bitcoin.

Les paiements Bitcoin offrent une protection des commerçants jamais inégalée. Aucune banque et aucun gouvernement ne peut vous donner ce niveau élevé de protection des commerçants que fait Bitcoin.

Pas de fraude et de double paiement

Le réseau Bitcoin est un système de paiement extrêmement sécurisé. Contrairement aux banques, Bitcoin est incorruptible. Avant l'arrivée du Bitcoin, les doubles paiements et la fraude étaient un vrai problème lié à l'utilisation de l'argent numérique, mais heureusement, grâce aux efforts de Satoshi Nakamoto, le problème du double paiement a finalement été résolu.

Le Bitcoin est un système de paiement décentralisé, pair-a-pair. Tout le monde sur le réseau voit toutes les transactions bitcoin qui ont déjà eu lieu. Cette transparence fait qu'il est difficile pour les fraudeurs de truquer des enregistrements afin qu'ils puissent dépenser le même nombre de bitcoins deux fois.

Ce registre massif, également connu sous le nom de chaîne de blocs, conserve un enregistrement de toutes les transactions. Une transaction n'est ajoutée à un bloc une fois qu'il a été confirmé ou vérifié par les mineurs que la transaction est valide.

Des paiements quasi instantanés

Les paiements Bitcoin sont rapides, irrévocables et définitifs. Il n'y a aucun moyen pour quiconque d'annuler une transaction bitcoin. Tant que vous indiquez l'adresse bitcoin correcte pour que vos clients paient, vous êtes prêt à partir, et vos bitcoins arriveront dans votre portefeuille habituellement dans les 10-45 minutes.

Utiliser l'adresse bitcoin correcte est évidemment un point très important à considérer car si, par hasard, vous présentez la mauvaise adresse bitcoin, il n'y a aucun moyen de récupérer ces bitcoins. À moins bien sûr, si vous savez à qui appartient cette adresse bitcoin, alors vous pouvez simplement leur demander d'envoyer ces bitcoins à votre bonne adresse.

Un autre avantage de l'utilisation de plateformes de paiement comme Coinbase et BitPay est que vous pouvez recevoir votre argent dans vos comptes bancaires dans les 2-3 jours. Ces services envoient généralement des paiements tous les jours ouvrables (pas à chaque fois qu'une transaction se produit).

Alternativement, si vous voulez garder vos bitcoins, c'est-à-dire que vous ne voulez pas les convertir en dollars, alors c'est parfaitement bien. Vous pouvez sélectionner cette option dans les paramètres de la plateforme de paiement. De toute façon, vous allez obtenir vos bitcoins ou vos dollars très commodément et en moins de temps que si le client a payé avec Paypal ou une carte de crédit.

Des frais de transaction négligeables

Avec les paiements Bitcoin, vous gardez plus de ce que votre client vous paie. Vous coupez efficacement l'intermédiaire (votre banque) avec leurs frais élevés. Vous devrez toujours payer un très petit frais de transaction bitcoin qui va aux mineurs qui vérifient toutes les transactions bitcoin et les ajoutent au registre ou à la chaîne de blocs.

Ces frais de transaction sont presque négligeables et équivalent à des centimes, contrairement aux frais que votre banque ou votre compagnie de carte de crédit vous demande de payer !

Pour les paiements par carte de crédit, les commerçants doivent généralement payer des frais d'interchange (payés à la banque ou à l'émetteur de la carte) et des frais d'évaluation (payés à la compagnie de carte de crédit comme Visa ou Mastercard). En moyenne, ces frais finiront par coûter au marchand environ 3% à 4% par transaction.

En comparaison, pour les transactions bitcoin, les frais sont typiquement autour de 10 000 Satoshis ou 0,0001 bitcoin. Vous êtes libre de définir vos propres frais, mais plus les frais de transaction que vous définissez par transaction sont élevés, plus les mineurs bitcoin confirmeront votre transaction.

Pour un paiement par carte de crédit de 1 000 $, les frais que les commerçants doivent payer se situent entre 30 $ et 40 $. Pour un montant d'achat similaire payé en bitcoin, les frais de transaction seraient approximativement de 1 $ si le prix actuel du bitcoin est, par exemple, de 10 000 $ par bitcoin (10 000 $ x 0,0001 = 1 $).

Vous pouvez déjà voir juste par cet exemple que les transactions bitcoin vous épargneront beaucoup d'argent juste dans les frais de transaction. Imaginez combien vous économiserez si vous êtes en mesure de vendre votre produit de 1 000 $ seulement 10 fois par jour ou 100 fois par jour !

Augmentation des ventes et plus de profits pour vous

Bitcoin ne discrimine pas d'où l'on vient. Même si votre client vit dans un pays connu pour la fraude par carte de crédit, aux yeux de Bitcoin, tout le monde est égal. Si vous avez déjà essayé d'accepter des paiements de clients dans ces pays, vous savez à quel point tout le processus est difficile et encombrant.

Paypal, Stripe et d'autres plateformes de paiement populaires n'acceptent pas ou ne prennent pas en charge de nombreux pays où la prévalence de la fraude est élevée. Mais avec Bitcoin, vous pouvez facilement accepter les paiements de n'importe qui qui vit n'importe où dans le monde. Tout ce qu'ils ont besoin pour vous payer est juste votre adresse bitcoin!

Ils n'ont pas besoin d'envoyer leurs photos et cartes d'identité nationales, de sorte que la vie privée de vos clients soit bien protégée. Et comme vous le savez déjà, toutes les transactions bitcoin sont finales, donc aucun de vos clients ne peut effectuer un rejet de débit comme lorsque l'on utilise une carte de crédit.

Bitcoin fait du monde un endroit plus petit et meilleur. Il efface les frontières, les formalités administratives et la bureaucratie. Il permet aux commerçants et aux propriétaires d'entreprises comme vous de recevoir des paiements de clients qui ont la malchance de vivre dans des pays où le taux de fraude est élevé.

Bitcoin vous protège ainsi que votre entreprise. En même temps, il vous permet de fournir votre service et vos produits à tous dans le monde entier.

Des clients plus heureux

L'ajout de Bitcoin à votre liste de paiements pris en charge donnera à vos clients un choix supplémentaire pour vous remettre leur argent. Même s'ils n'ont pas encore de bitcoins, ils pourraient éventuellement entrer dans le jeu tôt ou tard.

Et quand ils le feront, ils se souviendront de vous et vous recommanderont à leurs amis. Même les clients existants seront heureux de savoir que vous avez ajouté des paiements Bitcoin.

Si vous êtes l'une des rares entreprises de votre communauté qui accepte les paiements Bitcoin, alors vous allez probablement devenir populaire parce que vous serez considéré comme une entreprise innovante et avant-gardiste.

Beaucoup de gens ont entendu parler de Bitcoin dans les médias, et beaucoup auraient développé un intérêt passager ou ont commencé à devenir curieux au sujet des bitcoins et de la crypto-monnaie en général. Vous pouvez éduquer vos clients et leur faire savoir ce qu'est le Bitcoin et comment cela les aidera dans leurs transactions financières.

Pensez-y, préférez-vous être l'une des premières entreprises à offrir des paiements Bitcoin et voler les clients de votre concurrent dans le processus? Ou préférez-vous que vos clients se tournent vers vos concurrents simplement parce qu'ils offrent des paiements Bitcoin, et vous ne le faites pas?

Obtenir l'aide de la communauté Bitcoin

La communauté Bitcoin se développe rapidement, et avec la montée en flèche des prix des bitcoins, ils cherchent des endroits où ils peuvent dépenser leurs bitcoins. Un certain nombre de grandes entreprises ont ajouté Bitcoin à leurs options de paiement, mais la majorité des entreprises n'ont pas encore emboîté le pas. Ainsi, lorsque la communauté Bitcoin découvre une nouvelle entreprise qui prend en charge les bitcoins, ils partagent les nouvelles avec tout le monde. C'est de la publicité gratuite pour votre entreprise, et vous pouvez vous attendre à ce qu'ils tombent sur votre site ou magasin physique à tout moment.

Pour avoir une visibilité suffisante sur la communauté Bitcoin, vous pouvez diffuser les nouvelles sur les réseaux sociaux, dans les forums Bitcoin, les pages, les groupes, etc. Si vous avez un magasin physique, vous devez également placer un grand panneau à l'extérieur que vous acceptez les paiements Bitcoin.

La croissance de votre entreprise ne doit pas être forcément difficile comme le monde le croit. Accepter les paiements Bitcoin ne fera pas que rendre votre entreprise populaire auprès de la communauté Bitcoin, mais cela entraînera également plus de ventes et plus de profits pour vous.

www.ingramcontent.com/pod-product-compliance
Lightning Source LLC
Chambersburg PA
CBHW052333220526
45472CB00001B/410